レヴィナス
傷の哲学、

村上靖彦
Yasuhiko Murakami

河出書房新社

傷の哲学、レヴィナス——目次

傷の哲学、レヴィナス

まえがき

ネモ：ひとはどのようにしてものを考えはじめるのでしょうか。〔…〕
レヴィナス：たぶん、言葉という形ではおよそ表現しえないような外傷や手探りから始まるのでしょう。例えば、別離、暴力の場面、時間の単調さを突然自覚することといったものです。（『倫理と無限』）(1)

ぼくはまさに死を恐怖すると同じ強さで、狂気を恐れている青年であった。（大江健三郎『壊れものとしての人間』）(2)

エマニュエル・レヴィナス（一九〇六－一九九五年）は、リトアニアのカウナス出身でフランスに帰化したユダヤ系の哲学者である。彼はショアー（ホロコースト。ナチスによるユダヤ人などの大量虐殺）の災禍を引き受けて、背負えば背負うほど増してくるという他者に対する無限の責任なるものを主張する特異な思想を提示したと言われている。他者とは何か、暴力とは何か、意味を失った茫漠たるこの世界でいかに生きるのかというような主題を、正面から思考し抜いた哲学者である。

私がレヴィナスと出会ったのは大学二年生の夏休みだった。大学生協の棚に並んでいた『時間と他者』を偶然手にとり、そのなかのエロス論に惹かれて読み始めたのだった。[3] 幸いにもちょうど、顔という概念を中心にした中期の大著『全体性と無限』、そして様々な奇妙な概念を駆使する後期の代表作である『存在の彼方へ』[4] の翻訳が相次いで合田正人氏の訳業によって出版された頃だった。そのためレヴィナスは大学生にも簡単にアクセスできるようになっていたのだった。私自身はのちほど説明することになる「存在の彼方」や「痕跡」を語る後期思想の得体のしれなさや、西欧哲学の論理とは異なる不可思議な推理で展開される彼のユダヤ教論に魅力を感じ続けてきた。

レヴィナスは「人間はそもそも壊れるものである」という実感を出発点としている。ユダヤ人であった彼は、ショアーのために親族のほとんどを失った。戦後の彼の思想は、戦争と虐殺の記憶を思考の出発点にすえている。最終的に彼は、人間の傷つきやすさ vulnérabilité を核にすえた哲学を作り出した。「知能指数が高く健康で冷静な大人の男性」を前提としてきた西欧哲学の出発点を根本から覆す。例えば精神疾患や障害の可能性が哲学のなかに組み込まれているのである。

あるいは場合によってはコミュニケーションが不可能になる患者を看護・介護する場面を考えるためにも、レヴィナスの他者論は参考になるだろう。通常の他者論・コミュニケーション論では届かない場面にもレヴィナスは触れる（第3章3）。誰もが重い病気になるし、誰もが病人を介護する可能性がある。言語は使えないかもしれないし、もしかすると体も動かないかもしれない。レヴィナスの他者論はそのような何も伝達されることがない関係も想定している。たしかに難病を持った人の介護は特殊な経験かもしれないが、患者側にとっても介護者側にとっても、私たちの誰もがもしかしたら経験するかもしれない経験でもある。誰もが陥るかもしれない極限状況に届く射程をレヴィナスの議論は与えてくれるのだ。

レヴィナスを読むという経験は、自分が生きている現実を考えるための訓練となる。それも多くの人の安定した日常の外側にあるが決して無縁でいることはできない疾患や障害といった経験、あるいは介護のような誰にでも起こりうる非常時の経験を照らし出してくれるための装置となる。

さて、日本においては一九七〇年代に、まず思想家・小説家であるブランショ（一九〇七－二〇〇三年）と近い思想家としてレヴィナスは紹介された（レヴィナスは『謎の男トマ』を好んだほか『モーリス・ブランショ』という著書を残している。ブランショの作品のなかにもしばしばレヴィナスへの直接・間接の参照がある）。そののちフランスでのレヴィナスへの注目にともない一九八〇年代の半ばになって倫理思想家としての側面が紹介された。この時期から、とりわけ合田正人氏と内田樹氏の二人の素晴らしい訳業によって、当時フランス本国で未公刊だったテキストまでもが日本語で読めるようになったのである。フランス以外で最も早くレヴィナスの多様な作品が読まれるようになったのは日本であり、このことは特筆されて良い。私自身も翻訳を通してレヴィナスに触れた世代であり、この遺産に大きな恩恵を受けている。

今では古典的な哲学者としての位置を占めているだけでなく、日本に限っても精神医学、教育学、宗教学、法学、社会学、社会福祉学、美学といった様々な分野で論じられている。レヴィナスが登場する推理小説も書かれている（笠井潔『哲学者の密室』）。この受容の背景には、ラディカルな他者論という側面だけでなく、芸術論や法の問題にいたる彼自身が扱った問題の多様性と、彼自身が背景に抱えている複雑な文化がある。ユダヤ教（それも神秘主義と正統派のタルムード〔正統派のユダヤ解釈学〕）、ギリシャ哲学にはじまりドイツ観念論にいたる哲学史の素養、フッサールとハイデガーに直接学んだ現象学者としての側面、モーゼス・メンデルスゾーン、ローゼンツヴァイク、ヘルマン・コーエンといった近代以降のユダヤ思想、さらにはメルロ＝ポンティやサルトル、ジャンケレヴィッチといった同世代の思想家との交流、あるいはスピノザ、ヘーゲル、ハイデガー、ヴェイユに対する激しい批判といった、様々な文脈のなかでレヴィナスは自らの思想を練り上げた。

この複雑な背景ゆえに本書は選択を迫られた。これらの文脈全体に言及するか、選択して言及するか、あるいはレヴィナスの思想だけに絞り込むか、である。本書では最後の選択肢をとって、内在的にレヴィナスの思考の流れを追うことにした。

レヴィナスの生涯については第1章で取り上げるとして最近の海外での受容に目を転じると、二十一世紀を迎えて状況が大きく変化しつつある。(5) 二〇〇〇年にベニ・レヴィ、ベルナール＝アンリ・レヴィ、アラン・フィンケルクロートによってイスラエルにレヴィナス研究所が創設され、二〇〇三年から同所が大部の『レヴィナス研究 Cahiers d'études lévinassiennes』誌を毎年発行している。

生誕百年を迎えた二〇〇六年にいくつもの大きなシンポジウムが欧米で開催されたことで、多くの国のレヴィナス研究者がお互いに交流を開始することになった。現在フランスと北米で恒常的な学会組織が活動している（Société Internationale de Recherche Emmanuel Lévinas (SIREL), North American Lévinas Society (NALS)）。二〇一〇年にトゥールーズ大学で両学会が共催したシンポジウムでは、世界約四十ヶ国から集まった百五十人に及ぶ研究者の発表が行われた。そこでは西欧哲学やタルムードだけでなく、ユダヤ教神秘主義やロシア神秘思想、精神医学から東洋思想にいたる幅広い視点からレヴィナスが読み直されていた。

レヴィナスの遺稿はフランス北部のアルデンヌ修道院にあるＩＭＥＣ（現代出版資料研究所）で綿密な編集が行われ、その最初の成果として二〇〇九年に『著作集』第一巻、二〇一一年に第二巻、二〇一三年に第三巻が公刊された。第一巻は戦争捕虜時代のノートを含み、第二巻には未公刊だった戦後早い時期の講演原稿、第三巻には彼が試みていた小説の草稿が収められている。これらの資料は公刊著作の読み方に新たな光をあてるものであり、彼が小説の執筆を行っていたことを始め今まで全く知られていなかった事実が明らかになってきている。

二〇一〇年にはフランスのアグレガシオン（高校教員資格試験だが、大学教員になるための登竜門）のテーマとして『全体性と無限』が選ばれた。このことはアカデミズムの世界でも古典として認められたことを示している。

フッサール、ハイデガー、ドイツ観念論、ベルクソンからジャン・ヴァール、ジャンケレヴィッチに至るフランス哲学、ブランショ、ユダヤ教、キリスト教、デリダを始めとするポストモダニズム、ロシアの文学的伝統と神秘主義思想、そしてショアーという、あまりに異質な文脈が一人の人間において交叉したという事実に眩暈をおぼえる。そしてこの多層性ゆえにレヴィナスを読む者の関心もまた多様であり、解釈は無限に多様なものとなるはずだ。本書の読み方も、そのなかのほんの一つの可能性に過ぎない。本書は〈トラウマの哲学〉という切り口でレヴィナスの全体像を示す。複雑な思想は切り口をはっきりさせたほうが見通しを与えやすくなるであろう。

第1章ではまずレヴィナスの生涯と作品を概観したあと、第2章で外傷の哲学としてのレヴィナス哲学を概観する。第3章では初期に的を絞り、廃墟から世界を産出し、幽霊との関係から出発して他者を論じるという逆流する存在論を議論する。実は戦争によって決定的な外傷を受けるよりも前に、もともと彼の思考は精神病理学への親和性を持っていたのである。第4章では中期の主著である『全体性と無限』のおおまかな骨組みを提示する。第5章で後期の『存在の彼方へ』への転回の仕組みを論じると共に、第6章で彼の異様な後期思想を精神医学と関係づけながら細かく論じてゆきたい。第7章では、救済と信仰という発想を捨てた彼の宗教思想を取り上げ、第8章であまり顧みられることがない最後期のレヴィナスの歴史哲学に触れる。終章では、第7章で批判した歴史の終わりとは異なるタイプの救済概念をレヴィナスが持っていたことを示す。

再刊にあたって二〇一二年の旧版刊行後に執筆した二つのテキストを収めた。一つはメルロ=ポンティとの関係から初期の他者論を再考したもの、もう一つは顔の概念を共同体論として読み直すものである。どちらも旧版の頃の私には見えていなかったレヴィナスの姿を描いたものである。さらに「あとがき」に代えて暴力という切り口からみたレヴィナスについての断章を収めた。

(1) EI, 11、『倫理と無限』十五頁。
(2) 大江健三郎『壊れものとしての人間』八十一頁。
(3) この連続講演の記録は現在ちくま学芸文庫の『レヴィナス・コレクション』のなかに『時間と他なるもの』という題で収められている。この講演では初期のエッセンスが提示され、とりわけ他者論が初めてまとまった形で発表されている。
(4) 当時の訳書は原著に忠実な『存在するとは別の仕方であるいは存在することの彼方へ』である。
(5) 合田&村上(2012)

二〇〇〇年、二〇一二年、二〇二三年――増補新版まえがき

二〇一〇年以降の私の研究は、看護師の実践や社会的困窮地域での子ども子育て支援をテーマとしてフィールドワークを中心としてきた。しかしもともとは、哲学研究者としてキャリアをスタートさせたのだった。

留学中の私は、倫理学ではなくフッサール現象学の後継者としてレヴィナスを読む切り口を見出したことで、博士論文を完成させ二〇〇〇年に博士号を得た。さらに精神医学と出会うなかで、〈外傷体験の現象学〉としてレヴィナスを読み解いたのが二〇一二年の本書旧版だった。「壊れものとしての人間」、すなわち〈傷つきやすい個人〉という舞台で旧版の議論は展開する。

二〇一二年当時は、看護師への聴き取りを開始し始めたころだったが、旧版の内容はむしろそれ以前に学んだ精神医学や心理療法に多くを負っている。二〇一〇年ごろから、インタビュー研究を重ねるなかで、患者（当事者）、家族とケア職のあいだの小さな対人関係を舞台として研究するようになった。さらに二〇一四年以降は大阪西成区で子ども子育て支援の現場でのフィールドワークを重ねるなかで、歴史的な困難を背負ったコミュニティの生成と展開というように、研究の舞台が段々と大きくなってきた。つまり私の関心はこの十年間に、個人の傷という問題から、具体的な対人関係、コミュニティや歴史における困難へと拡がってきている。研究の変化にともない、レヴィナスの見え方も変化してきた。

旧版は、現象学的精神病理学や心的外傷についての心理学の影響を受けていた。しかしそれは書物の知識にとどまっていた。旧版刊行のあと、精神障害を持つ当事者たちと日常的にお会いしてともに活動する機会を得た。その結果、病を興味の対象として議論する精神病理学に強く違和感を持つようになった。対象化する視点から、当事者の視点をさぐる試みという根本的な視点の変化である。旧版の議論の枠組みそのものを変更することはできなかったが、改訂にあたって気になる表現には変更を加えている。

旧版出版のころから始めた医療福祉現場の調査のなかで、死に瀕した人や神経難病の人、重度障害の人といったコミュニケーションが非常に困難な人とコンタクトを取る実践を学んだことで、レヴィナス初期のエロス論がラディカルな他者論として新たな姿で見えてきた。新版の補章1はこの点を補強する。

旧版出版後に社会的困窮地域での子育て支援から学ぶなかで、自由主義が席巻する現代社会においてオルタナティブな世界を構想するアイディアとして「顔」という概念も再考できる、という気づきを得た。補章2はこの点に関わっている。

この十数年間で私の研究は哲学書を離れた。今は現実社会でのフィールドワーク、とくに当事者や支援者と言われる人たちの個別の経験に耳を傾けている。いったんはレヴィナスから離れたのだが、ところが困窮地域である西成に通うなかで、学生時代から潜在的な傷つきにこだわる問題意識は一貫していたことに気づいた。テキストを離れたことで、むしろレヴィナスが私にとって持つ意味がはっきりとしてきたのだ。本書はそのような二〇〇〇年、二〇一二年、二〇二三年という時間経過の記録である。

第1章 レヴィナスの生涯と作品

1――生涯

人物

エマニュエル・レヴィナスはリトアニア第二の都市カウナスで一九〇六年一月十二日に生まれ、一九九五年十二月二十五日にパリで亡くなったユダヤ系の哲学者である。死後出版も含めて三十冊強の著書、三百本余りの論文を執筆している。

以前ハイデガー研究者のフランソワーズ・ダステュールと雑談をしていたときに、「不思議なことに、自己触発を語るミシェル・アンリはフレンドリーだったのに、他者を語るレヴィナスはどこか閉じた人でした」と語っていた。あるいは家族と親友の作家モーリス・ブランショなど少数の友人を除いては「君」という言葉遣い tutoyer をすることがなく、いつも丁寧な言葉遣いだったとも言われる。孫のダヴィド・アンセルによると、彼は真夏に麻のシャツをプライベートで着る以外は、いつでもきちんとした恰好をしていた（「おしゃれ coquet だった」そうだ）。写真に残るレヴィナスはおおむねスーツ姿でポケットチーフを挿している。東方イスラエル師範学校の校長先生として社交的でありながらどこか人から距離をおいたレヴィナスの姿を伝えている。レスクレによる浩瀚《こうかん》な伝記(1)でも、人と過度に親しくなることを避け、礼儀正しい控えめな人物としてのレヴィナス像が描かれている。

一方で人によっては非常に熱烈な歓待を受けている。合田正人氏は自宅を訪れた際、長時間間近に顔を近づけてこられて不気味だったと語っていた(2)。他者との異常な近さと近寄りがたい遠さとが同居しているというこの矛盾した描像は、レヴィナスの著作から私が受ける印象に近い。

哲学者のジャコブ・ロゴザンスキー（ストラスブール大学教授、『自我と肉』などの作品がある）は、この遠さと近さを両方示すようなエピソードを語ってくれた。「〜の代わりに死ぬこと」（『われわれのあいだで』所収）をレヴィナスが口頭発表したシンポジウムでのことである。「百人以上の満場の聴衆がいるのに、真横に座っている私だけをこんな至近距離から見つめて話し続けるんで困ったよ」というのだ。

生まれた町

レヴィナスの生地リトアニアはバルト三国の一つで、十三世紀に成立したリトアニア大公国に由来する。十四世紀末に最盛期を迎えたもののロシアやスウェーデンの侵攻によって弱体化し、十八世紀末にロシアへと併合されることになるが、リトアニアには多くのユダヤ人が住んでいた。リトアニア語が禁じられロシア化が進められたのち、ロマノフ朝が弱体化し革命が近づいた時代にレヴィナスは生まれている。

ところでもう一人著名なカウナス出身のユダヤ人がいる。一八九八年に生まれてレヴィナスの生年にアメリカに移住し、一九六九年に亡くなった画家ベン・シャーンである。日本では第五福竜丸事件に取材した連作絵画「ラッキードラゴン」シリーズで知られている具象画家であり、ユダヤ教にもとづく作品も多い。個人的な話で恐縮だが、中学の図書館になぜかベン・シャーンの素晴らしい大判の画集があり、沈黙を色と線で定着したような静謐な作品が気に入った。私にとってカウナスはまずはベン・シャーンの故郷であり、のちにレヴィナスと出会ったときには不思議な縁があるように感じた。二人は直接は政治と関係のない哲学と絵画という場所で、暴力と外傷に抗うことを作品の核にすえた点で共通している(3)。

二〇〇八年四月末に北欧現象学会へ出席するためにカウナスを訪れる機会があった。リトアニアのヴィリニュスから満席の路線バスに乗って一時間程の旅だった。リトアニア語は皆目見当がつかないので立ち往生しかかった所で、英語を話せる高校生が助けてくれて急場をしのいだことを覚えている。カウナスはリトアニア第二の都市とはいえ日本人の感覚からすると小さな街である。小さな旧市街に赤レンガの教会がひしめきあう観光客で賑やかなヴィリニュスとは対照的に、カウナスは高い建物が少ない広々とゆったりした街だった。

清潔で明るい街には一本目抜き通りがある。レヴィナスの実家は、大通りの中ほどに面した書籍や文房具を商う商店だった(私の聞き間違えでなければ、商店の正確な位置は今ではわからないようだ)。商店から少し脇に入ったところにレヴィナスの生家があったと思う。そばには家族が銃殺されたという民家の中庭が残っていた。カウナスは一九四一年六月末にナチスにより占領され、三万五千人から四万人居住していたと言われるユダヤ人のうち数千人が銃殺され、占領半年でユダヤ人の半数、残った多くの住民もゲットーに押し込められ、生き残ったものも強制労働に駆り出されるか、あるいは一九四三年以降アウシュヴィッツやダッハウなどの収容所に送られ終戦までに命を失ってゆく。(4) レヴィナスの親族も多くが銃殺されたとされる。

以下、伝記的事実についてはレスクレによる伝記を特に参照している。煩雑になるので参照ページをすべては掲載していない。そして私が直接家族から聞いた情報に負っている部分もある。

ベン・シャーン「家の購入を考える二人」(1950年代)
Sid Deutsch Gallery, New York 蔵
©Estate of Ben Shahn/VAGA, N.Y. & JASPAR, TOKYO, 2012 [E0055]

現象学への道

レヴィナスが生まれる直前の一九〇五年にはサンクトペテルブルクで血の日曜日事件が起こり一九一七年の革命へとつながる労働運動が始まる。そして革命の後、第一次世界大戦中の一九一八年にリトアニアが独立を宣言する。レヴィナスは生まれたときから世界史に翻弄されるように運命づけられていた。彼は六歳の頃からヘブライ語を習い始めているが、このと

きは聖書の学習のみで聖書解釈学であるタルムードは戦後になってから学び始めている（聖書といっても、キリスト教社会では旧約聖書と呼ばれるものの一部であるトーラすなわちモーゼ五書のこと。創世記、出エジプト記、レヴィ記、民数記、申命記からなる）。一九一四年、第一次世界大戦中のドイツによるリトアニア侵攻にともなって家族はウクライナのハルキウに移住している（ハルキウは二〇二二年のロシアによる侵攻で激戦地となった）。一九一六年、十歳でロシアのギムナジウムに入学（その学校ではユダヤ人子弟は五人だけが入学を許された）。そこでレヴィナスはドイツ語を学び始めている。

その後ドイツの大学に入学しようとしたが拒絶され、一九二三年にストラスブール大学に入学することになる。この偶然は様々な意味で決定的な転機である。ストラスブールゆえにブランショと友人となり、逆説的ながらドイツにいたフッサールやハイデガーと出会い、そして何よりもショアーを生き残ることができたわけである。そして後の彼の常軌を逸した思想は、フランス語とフランスの知的な環境のなかで初めて培養されえたものである。

ストラスブール大学ではまず一年間古典語の学部でラテン語を学ぶとともにフランス語を鍛えている。大学では特にアリストテレス研究者のアンリ・カルテロンと心理学者のシャルル・ブロンデル、そしてモーリス・プラディーヌを尊敬していた(5)。伝記作者のレスクレは、思想内容ではなく人間性に惹かれたようだと付記している(6)。

一九二六年にブランショが大学に入学する。二人はすぐに親しくなったが、当時はブランショがアクション・フランセーズなど右寄りの政治・評論活動を盛んにしていた時期でもあり、終世変わることのない二人の深い友情には謎めいたところがある。思想内容の上では二人のあ

いだには初期から後期までを通して相互浸透と呼んでもよいくらいの関係がある。(7)

ストラスブールでのもう一つの大事な経験はフッサール現象学を知ったことだ。レヴィナスは、ゲッティンゲンでのフッサールの弟子にあたるプロテスタント神学者ジャン・ヘーリングのもとに出入りしている。博士課程に進学して当時最先端の現代思想であったフッサール研究を志し、一九二八年の秋にフライブルク大学に留学する。ここでフッサールの最後の講義である一九二八年夏学期の「現象学的心理学」と一九二八/一九二九年冬学期の「間主観性の構成」に関する講義に出席している。フッサールの最後のゼミで発表したのはレヴィナスである。(8)レヴィナスは一九八〇年代に至るまでフッサールを論じ続けており、表面上はフッサールから離れたとしても、彼の思考は一貫してフッサール現象学の発想法に則っている。

私はフッサールに出会って、教条《ドグマ》的な体系のなかにひと括りに閉じ込められることなく、しかも同時に、混沌とした直観によって事を進める危険を冒すことなく、「哲学の分野で仕事をすること」の可能性そのものがもっている具体的な意味を見出しました。(9)

さらにフライブルクに留学したレヴィナスはハイデガーとも出会う。『存在と時間』についてヘーリングから教えられブランショとともに熱狂していたレヴィナスは、ちょうどフッサールの後任として到着したハイデガーの授業を取る。そしてハイデガーとカッシーラーとのあいだでのカントをめぐる対決が行われたダヴォス会談にも参加することになる。ダヴォスには他にもピアジェ、ティボーデ、レヴィ゠ブリュール、モースといった当代の大物文化人が集結していた。レヴィナスはフッサールの助手だったオイゲン・フィンクとともに赴くわけだが、ダヴォスで出会ったカヴァイエスが妹に当てた手紙のなかにもレヴィナスが登場する。ハイデガーはレヴィナスに目をかけていたようで、わざわざレヴィナスの参加許可のために推薦状を書いている(10)。

2——作品

現象学者として

こうしてレヴィナスは一九二九年にフッサール論を雑誌に発表し、一九三〇年には博士論文『フッサール現象学における直観理論』で賞を取り出版を果たす。一九三一年にはガブリエル・パイファーとともに進めていたフッサールの『デカルト的省察』の仏訳を出版する。レヴィナスは間主観性を扱った第五省察を担当している。さらに一九三二年には「マルティン・ハイデガーと存在論」と題された長い論文を出版するなど、現象学者としてキャリアを始めている。『直観理論』はサルトルに大きな影響を与え、フランスにおける現象学運動の起点となったことが知られているが、今でも基本的な研究書として読まれている。

ところがレヴィナスは大学教師としてのキャリアには進まず全イスラエル同盟に一九三〇年あるいは三一年に就職し、そこに三十三年間籍を置くことになる。レヴィナス自身にもこの選択の理由ははっきりしなかったようだが(11)、ともかく外国人でありエコール・ノルマルの出身でもなくアグレガシオンも持っていなかったのは大きなハンディだったはずだ。一九三一年にはフランス国籍を取得し、一九三二年には兵役を務めるとともに同郷のライッサ・レヴィと結婚する（彼にとってフランスを守るための兵役と従軍は重要な意味を持つ）。ライッサは音楽家で、コンセルヴァトワールで（コルトーの後任の）ラザール・レヴィに師事した（同時期にアメリカの作曲家ルーカス・フォスやピアニストの安川加壽子が弟子にいたはずだ）。レヴィナス夫妻は家ではロシア語を使い続けたことが知られている。一九三五年には後に小児科医となる長女シモーヌが生まれる。

この時期のレヴィナスは大学に籍を置いていなかったものの、レオン・ブランシュヴィックやジャン・ヴァール、アレクサンドル・コジェーヴの講義を聴講し、アレクサンドル・コイレやジャコブ・ゴルダンなどと盛んに交流している。そしてこの時期にすでに彼自身の思想の始まりを告げるテキストが書かれている。のちほど第3章1で分析することになる「ヒトラー主義哲学についての諸考察」が『エスプリ』誌一九三四年十一月号に、「逃走について」が『哲学研究』誌の一九三五／三六年号に発表されている。言うまでもなく背景にはドイツにおけるナチスの台頭と政権奪取の脅威がある。

戦争とともに

一九三九年第二次世界大戦の開始とともに、ドイツ語とロシア語の通訳担当の下士官としてレヴィナスは動員される。一九四〇年ドイツ軍に捕らえられるが、虐殺されたユダヤ人市民とは異なり、ジュネーヴ条約に守られて戦争捕虜としての扱いを受け、生き延びることになる。初めレンヌで、後にドイツ国内でいくつかの収容所を転々とすることになる。

われわれ七十人は、ナチスのドイツで、ユダヤ人戦争捕虜のための森林作業班に属していた。収容所は――奇妙な偶然の一致であるが――一四九二という番号だった。カトリック王フェルナンド五世の時代の、ユダヤ人のスペイン追放の年号である。フランス軍の制服が、われわれをヒトラーの暴力から守っていた。だがわれわれとすれ違ったり、われわれに仕事や命令を与えたり、微笑すら見せた他の人々、いわゆる自由な人々は――そしてときおりわれわれに目を向けた通りすがりの子供や婦人は――われわれから人間の皮をはぎ取っていた。われわれは半人類、猿の一団に過ぎなかった。〔…〕

ここに、長い虜囚の半ば頃――短い数週間のあいだ、衛兵たちが気づいて追い払ってしまうまで――一匹の迷い犬がわれわれの生活に登場する。彼はある日、群れが厳重な監視下で仕事から戻っていたとき、この群れに加わったのである。彼は収容所周辺の、どこかの荒涼とした片隅で細々と暮らしていた。だがわれわれは、愛犬にふさわしい異国風の名前で、彼をボビーと呼んでいた。彼は朝の点呼に現れ、われわれの帰りを待ちかまえ、陽気にはね回って吠えていた。彼にとっては――議論の余地なく――われわれは人間だったのである。(12)

収容所でのレヴィナスは木こりとして労働に従事していた。他方で手元にあった文学書を濫読している。とりわけプルーストは彼に強い影響を与えており、この読書経験が他者論と「ある」の理論を準備することになるが、この点はのちほど第3章で詳しく論じる。もう一つの特筆すべきこととは、彼が小説を書こうとしていたことだろう。捕虜時代のノートによると『エロス（?）』と『ヴェプレの女性』という二つの小説が計画され一九六〇年頃までレヴィナスは完成の意欲を持っていたようだ[13]。

パリ占領中そしてレヴィナスが収容所にいるあいだ、まず娘のシモーヌをレヴィナスの友人夫妻の手配でノルマンディーに疎開させようとしたがうまくいかず、ブランショが自分のアパルトマンにレヴィナスの妻、娘、義母を数週間泊める。次にブランショはオルレアンに近い聖ヴァンサン・ド・ポール修道院に娘シモーヌを匿っている。妻ライッサとその母フリーダ・レヴィはパリにとどまる。あるときヴィシー政権の法律に従って警察署にユダヤ人としての身元を届けに行ったライッサの母はそのまま帰ることがなかった。ライッサは母の失踪後もそのままパリにとどまり続けるが、一九四三年八月になって娘のいる修道院に匿われた。捕虜の間のレヴィナスの日記にも名前を隠して妻と娘のことが出てくるので何らかの連絡手段があったようだ。この間、カウナスに残った家族たちは上述のように銃殺されている。

レヴィナスは戦後二度とドイツに足を踏み入れようとはしなかった。ドイツについては彼はエディト・シュタイン（フッサールの弟子で『イデーン』2を編集したのちユダヤ教からカトリックに改宗。カルメル会修道院に入ったもののユダヤ人として捕らえられ、アウシュヴィッツで没した）の列聖式に出席できなかったことだけを悔やんでいた。

戦後

戦後帰還したレヴィナスは東方イスラエル師範学校の校長となる。校舎の最上階の部屋に住み込んで主に北アフリカから寄宿していたユダヤ人の子女の教育にあたっている。つまりアシユケナージ（東欧に離散したユダヤ人）のレヴィナスがセファルディーム（地中海地域に離散したユダヤ人）の教育を行っていたことになる。この教師という側面は彼にとってとても重要であることが『全体性と無限』に頻出する「教え」という言葉から窺える。タルムードにおいてシュシャーニの弟子であっただけでなく、彼自身がずっと「レヴィナス先生」として振る舞った。伝記によると熱心な教育者ではあったが、生活上はかなり学生と距離をとった古風な先生だったようだ。運営業務や講義とともに土曜日の昼にはタルムード講話をプライベートで行い続けた。

レヴィナスは一九四七年から「シュシャーニさんMonsieur Chouchani」というあだ名を持つ人物にタルムードを習い始める（国籍、本名、生年は不詳。一九六八年にウルグアイで没）。穴のあいた靴で不潔な身なりの流浪の人物を、産婦人科医でタルムード学者のアンリ・ネルソンが、嫌がるレヴィナスに無理やり紹介したようだ。会ってみるとそのあまりの博学に驚き、レヴィナスはタルムードの学習に没頭することになる。シュシャーニはタルムードやカバラ（ユダヤ神秘主義）だけでなく数学や物理学の知識も持ち、古典語を含む三十ヶ国語ほどをマスターしていたようだ。シュシャーニはそのままレヴィナスのアパルトマンの屋根裏部屋に三年近く寝泊まりを続ける[14]。ネルソンの他には『夜』で知られる作家エリ・ヴィーゼルがシュシャーニの弟子として知られている。

この頃のレヴィナスはユダヤ教の習慣はほとんど食事のタブー（コーシャ）を守ることくらいになっていたようなのだが[15]、後に再び彼は厳格なユダヤ教の儀礼に戻ることになる。レヴィナスは、あとからユダヤ教徒として自らを主体化したのである。高速道路を走っていても車を停めてお祈りを捧げるほどだったと孫のダヴィド・アンセルから聞いた。レヴィナスにとって儀礼は哲学的にも極めて重要な意味を持つことが「成年者の宗教」（一九五七年）からわかる。

一九五七年フランス語圏ユダヤ知識人会議が開始されたときからレヴィナスも重要なメンバーとして参加している。一九六〇年に開かれた第三回の会議のときに「メシアの時間と聖書の時間」というタイトルのタルムード講話を行い、これが恒例となって一九九一年までレヴィナスの講話が会議を締めくくることになる。この講話は、やはりこの会議の創設メンバーであるジェローム・ランドンが社主をしていたミニュイ社から出版されることになる。

ベン・シャーン「愛にみちた多くの夜の回想」（1968年）
福島県立美術館蔵

ところでレヴィナス自身が哲学のテキストとユダヤ教論を分けて出版したと発言したために誤解されているが、両者を全く別のものとして論じるのは誤りである。少なくとも内容上大きな相関関係がある上、哲学的著作にしてもユダヤ教論を読まないと理解不可能な部分が残る（第7章1、第8章2でその一例を論じる）。

レヴィナスは大学教員のキャリアを選ばなかったため哲学者としての活動はかなり限られていた。しかし完全に哲学研究者のサークルの外にいたわけではない。というのは哲学者ジャン・ヴァール（一八八八－一九七四年）がレヴィナスを強力にバックアップしたからである。ヴァールは日本では『具体的なものへ』などで知られる、当時としては珍しく英米哲学にまで通じた学者である。最初期から後期に至るまで一貫してあらゆる段階においてレヴィナスの仕事を公の場へと押し出したのはジャン・ヴァールにほかならず、彼こそが「哲学者」レヴィナスの生みの親であるといっても全く誇張ではない。

一九三〇年代博士論文を書き終えたレヴィナスはソルボンヌでのヴァールの講義を聴講し続け、ヴァールが戦前のレヴィナスにフッサール論、ハイデガー論の出版を勧めた(16)。一九四六年に復員したレヴィナスを、ヴァールは自らが主宰するコレージュ・フィロゾフィックへと招き、「時間と他者」、のちに『時間と他なるもの』として出版される四回の連続講演を皮切りとして『著作集』第二巻に収められた十編をあわせて計十九種の講演を行わせた。コレージュでのレヴィナスの講演のリストを左に挙げる。このリストのタイトルをつなげて読むだけで、レヴィナスの思想形成の歩みがわかるほどである。

「時間と他者」一九四七年三月から五月まで四回（日にち不明）#
「言葉と沈黙」一九四八年二月四、五日*
「力と起源」一九四九年三月一、三日*
「糧」一九五〇年二月十六日*
「教え」一九五〇年二月二十三日*
「倫理あるいは存在論」一九五一年二月二十二日
「書かれたものと口伝のもの」一九五二年二月六日*

「自由と戒律」一九五三年二月十六日#
「自我と全体性」一九五四年二月二十二日#
「欲求すること」一九五五年三月一日*
「内面性」一九五六年四月八日
「哲学と無限の観念」一九五六年十二月十一日#
「分離」一九五七年十二月三日*
「可能なものの彼方」一九五九年一月二十七日*
「意味作用」一九六一年二月二十八日
「メタファー論」一九六二年二月二十六日*
「痕跡」一九六三年五月二十日（『著作集』第二巻、401によると「他者の痕跡」と思われる）
「フッサールと感覚」一九六四年五月六日#（「志向性と感覚」）
「謎と現象」一九六四年十二月八日#
（以上『著作集』第二巻、385-386による。『著作集』第二巻に原稿あるいは草稿と思われる資料が収められたものを「*」、別の場所で活字化されたものを「#」と印付ける）

さらに、戦後のレヴィナスの独創的な思想の始まりを告げる論文「ある」はヴァール主宰の『デウカリオン』誌に発表された。レヴィナスに国家博士論文を提出するように強く勧め、国家博士号請求論文『全体性と無限』の主査を務めたのもヴァールである。『全体性と無限』にはジャン・ヴァール夫妻への献辞が付いている。五十五歳になったレヴィナスにあえて大学教員になるように勧めたのもヴァールだったとレスクレは書いている(17)。一九六三年五月に後期思想を告げる痕跡に関する講演を行ったのもまたコレージュだった。つまり哲学者レヴィナスのほぼあらゆる重要な瞬間の背後にヴァールがいたのである。

レヴィナスは『全体性と無限』を本にすることを望んだが、のきなみ出版社に断られたらしい。二十年来の思索の結晶化であったわけであり、レヴィナスの落胆は非常に大きかったようだ。自宅のゴミ箱に捨てられたタイプ原稿を、当時十一、二歳の少年だった息子ミカエル(後に有名な作曲家になる)が拾い出したとアレクサンデル・シュネルから聞いたことがある。最後に原稿はルーヴァンにあるフッサール文庫のレオ・ファン・ヴレダ神父のもとに送られる。神父はフッサールの速記草稿をナチスの手から救ってベルギーに送った人物であり、当地で遺稿の監理編集作業とともに、叢書フェノメノロジカの責任者として現象学の研究書の出版を行っていた。

『全体性と無限』の草稿を実際に読んだのは、当時神父の秘書だった若きジャック・タミニオである。彼は後に新ルーヴァン・カトリック大学の教授としてフランス語圏の現象学運動に大きく貢献することになる。実はタミニオはすでにファン・ヴレダの代理としてレヴィナスの博士論文審査に出席し、しかも審査報告書の代筆も行っていたそうだ(18)。早い時期に『全体性と無限』の価値を見抜いていた人物の一人である。こうして、叢書フェノメノロジカの第八巻として『全体性と無限』は出版される。

国家博士号を取ったレヴィナスは一九六三年から講師としてポワティエ大学で教え始める。ポワティエはフランス西部にあるロマネスク教会が美しい丘の上の古都である。ミケル・デュフレンヌやジャンヌ・デロームが同僚にいる。その後一九六七年から一九七二年まではパリ郊外のナンテール大学（一九七〇年からはパリ第10大学と呼称が変更）で助教授として、旧友ポール・リクールと同僚になり、最後は一九七六年までパリ第４大学ソルボンヌ校で教授を務め退官する。最終年度の講義録だけが『神・死・時間』として出版されている。

一九六四年にデリダによる「暴力と形而上学」というレヴィナス論が発表されて以来次第にレヴィナスの名は知られてきた。しかし一九七〇年代には、フランスの現代思想の文脈のなかでというよりも、倫理思想家としてオランダやベルギー、イタリアで読まれていた。特にカトリックとプロテスタント双方のキリスト教神学の文脈のなかで、ユダヤ人レヴィナスが受け入れられていった。現代思想の文脈で議論されるのは一九八〇年代以降である。たとえばリオタールの『文の抗争』は一九八三年に出版されている。一九八五年以降集中的に翻訳が進んできた日本は、レヴィナス受容という意味では欧米と同時だったのである。早熟の秀才として二十代前半でデビューしながら、六十前に大学に就職し、七十を超えて読者を獲得し、八十を超えてメディア的にも活躍するようになるという遅咲きの人生だ。

レヴィナスは一九九五年十二月二十五日に亡くなった。ユダヤ教のハヌカの祭りの期間であり、メノラー（ハヌッキーヤー）の燭台の灯りの下《もと》で息を引き取ったと聞いたことがある（娘シモーヌの夫、ジョルジュ・アンセルの講演だったと思う）。

（1）Lescourret（1994）
（2）合田&村上（2012）
（3）Murakami（2009）
（4）http://www.ushmm.org/wlc/en/article.

php?ModuleId=10005174
（5）EI, 16、『倫理と無限』二十二頁。
（6）Lescourret（1994）, 57.
（7）郷原（2011）に詳しい。
（8）EDE, 125-126、『実存の発見』四十七－四十八頁。
（9）EI, 19、『倫理と無限』二十七頁。
（10）Lescourret（1994）, 75.
（11）Lescourret（1994）, 89.
（12）DL, 201、『困難な自由』二百三－二百四頁。
（13）『著作集』第三巻。
（14）Lescourret（1994）, 143.
（15）Lescourret（1994）, 142.
（16）Lescourret（1994）, 188.
（17）Lescourret（1994）, 221.
（18）『全体性と無限』の出版をめぐる経緯は J. Taminiaux, «La genèse de la publication de *Totalité et Infini*» in *Lévinas: au-delà du visible*, (numéro spécial des *Cahiers de philosophie de l'Université de Caen*, 2012.)

第2章 外傷の哲学――レヴィナスの核

根源的な語ることとは妄想である。（『実存の発見』[1]）

1――レヴィナスにおけるトラウマ

無限の苦しみ

第２章では、外傷の哲学としてレヴィナスを読みとくという本書の核となるアイディアをまとめる。この核を起点として第３章以降の議論が展開する。

レヴィナスの到達点が平明な形で凝縮されたのは「無駄な苦しみ」（一九八二年）（『われわれのあいだで』所収（邦訳では「無用の苦しみ」））である。がんなどの患者が被る耐え難い痛みから説き起こし、極度の苦痛は他者のための苦しみである場合にのみ意味をもつと論じられる。

他の人の無駄な苦しみに対して感じる苦しみ、正当化しがたい他者の苦しみに対して感じる私の正当な苦しみは、苦しみについて対人関係に関する倫理的な展望を開く。〔…〕たとえ容赦無いものであっても誰か他の人の苦しみゆえの苦しみとなることが、苦しみが受

け入れ可能になる唯一の方法なのである。(2)

他者が被る苦しみは絶対に無意味である。私の苦しみもたしかに耐え難いものである。耐え難いという点では意味を持ちえないのであるが、もしも患者の苦しみの代わりに誰かが背負う苦しみとなるならば、そこで〈他の人のために〉という意味が生じる。他の人の苦しみはどこまでも不条理な〈無意味〉にとどまるが、他の人の苦しみの代わりに私が苦しむとき〈意味〉へと反転しうる。このように無意味が無意味にとどまりつつも意味に反転するというロジックを後期のレヴィナスは〈倫理〉と呼んだ。

しかし他者の代わりに苦痛を背負い込むことは、もし徹底することは不可能な要請でもある。私が実際にあらゆる他者の苦痛を無限に背負い込んでいると主張したならばそれは狂気である。レヴィナスが他者の身代わりになることとして主体を定義するとき、彼は狂気に触れている。レヴィナスの哲学は、〈狂気〉がすべての人間の基本的な可能性に含まれることを出発点としている。そしてこの〈狂気〉こそがまさに彼が倫理と呼ぶものを要請する。その結果、『存在の彼方へ』では主体が迫害妄想として定義されることとすらある。

〔…〕責任は取られるに従って増殖する。これは何らかの理想を無限に追求することを命令する〔カント的な〕当為ではない。〔…〕返済するに従って負債が増加する。栄光の名におそらくは値する隔たり。(3)

「私たちの誰もが万人を前にして万人に対して罪を負っている、しかし私は他の誰よりも罪を負っている」とドストエフスキーは『カラマーゾフの兄弟』において書いている。(4)

果たせば果たすほど無限に増えてゆく責任と負債こそが、後期レヴィナスが〈倫理〉と呼んだものの核である。この責任は、善意や悪意といった意図が持つ責任でもないし、自分の行為が引き起こした結果に対して責任を負うことでもない。カント哲学のように普遍的な道徳法則に基づいて自由意志が選択しうる行為でもない。他者の生存と苦痛に対してつねにすでにあらゆる責任を負い、相手が私に対して犯した罪の責任をも私が代わりに負ってしまっているというような〈責任〉である。このような責任は現実には実現しえないように思える。少なくとも後期のレヴィナスが倫理と呼ぶものは実現不可能である。この点は強く強調したい。実現不可能なものを、通常の倫理学で扱われるような実践的問題と同列に扱ってしまうと、レヴィナスの主張を摑み損ねてしまうからだ。

とはいえ例外がある。このような無限責任 responsabilité infinie は、たとえば統合失調症の人たちの迫害妄想・誇大妄想・関係妄想において具体化する。妄想において患者は世界全体に対して罪と責任を負い、それゆえに世界のなかで唯一無二の位置を占める。事例を一つ引用してみる。自死する直前の芥川龍之介の作品である。

僕はもうその時にはちよつと帽をとつたぎり、彼を後ろに歩き出してゐた。先生、A先生、――それは僕にはこの頃では最も不快な言葉だつた。僕はあらゆる罪悪を犯してゐることを信じてゐた。しかも彼等は何かの機会に僕を先生と呼びつづけてゐた。僕はそこに僕を嘲る何ものかを感じずにはゐられなかつた。何ものかを？――しかし僕の物質主義は神秘主義を拒絶せずにはゐられなかつた。僕はつい二三箇月前にも或小さい同人雑誌にかう云ふ言葉を発表してゐた。――「僕は芸術的良心を始め、どう云ふ良心も持つてゐない。僕の持つてゐるのは神経だけである。」……(5)

「僕はあらゆる罪悪を犯してゐることを信じてゐた」が、そこには理由はない。ただ、あらゆる罪悪を犯してしまって全世界に対して責任を負ってしまっていることを『歯車』の語り手（そしておそらくは芥川自身も）確信しているのである。「私」と発話する一点に世界の全重量がのしかかる事態を想像することはできる。しかし実現するとしたら妄想に陥るしかない。少なくとも耐えられるものではないから「先生」という呼称も受け入れられない。そのような倫理は、芥川の言葉を借りると「良心」ではなく「神経」なのである。倫理は社会的な良心・道徳の水準ではなく、身体に織り込まれた神経の水準で人間を操るように作動する。

しかも論理的にもそのような無限の責任は実現不可能である。他者が複数いる以上、独りの人にすべてを贈与することは他の人の権利を搾取することになる。それゆえ論理的にも無限の責任と贈与を全世界の人に対して行うことはできない。

レヴィナス自身がこの矛盾を真剣に考えている。第三者が存在するこの世界において誰かに無限責任を負うことは不可能であり、それゆえに複数の人間の間での平等な配分が要請される「正義」の次元を、二人のあいだの「倫理」からは区別して設定することになる。この正義の次元こそが、通常の意味での道徳が成立する場である。（他者が私に対して犯した罪についてまでも私が責任を負うという）無限責任という極限値は、実現不可能な想定であり、日常においては隠蔽されている（補章2では別の解釈を試みる）。

しかし他方で、本当は実現しえないとはいえ、精神病の妄想のなかでは無限責任が実現するかに見えるというのは示唆的である。レヴィナスが〈倫理〉と呼んだものは、実現することはないが想定することはできる。しかも病において同じ構造が出現するので、単なるフィクションではなく、経験的にも意味を持つ何らかの真理に触れている。〈倫理〉は、さしあたり日常的な意味での倫理・道徳という含意はもたないし、少なくとも社会生活において適用可能な倫理であるとは思わないほうがよい。しかしながら、何らかの形でこのような無限責任という狂気は私たち全員の可能性に含まれるし、そのことは必要でもある。

テキスト上も『存在の彼方へ』には外傷、狂気、妄想、精神病という言葉が頻出する（それぞれ二十五回、九回、三回、三回）。

> 責任ある自己の唯一性は他者による強迫においてしか、あらゆる自己同定の手前で被った外傷においてしか、〔…〕ありえない。他者に触発された一者、起源の不在としての外傷〔…〕。(6)

> 概念の外にあるような唯一性、狂気のかけらとしての心、すでに精神病であるような心、一つの〈自我〉ではなく〈他者による〉召喚のもとにある私。(7)

特定の疾患について語っているわけではないが、主体は外傷あるいは狂気として定義される。思考と能動的行為の起点たる自我ではなく、つねに誰かに呼び出されている私、なにか狂気に触れたものとしての〈私〉である。『存在の彼方へ』という書物全体が、構造としての〈狂気〉を基点にして哲学を構想している。

そもそも『存在の彼方へ』は起承転結がなく一見すると終始同じような内容が続く。体言止めの文章や、主節がないままに長い従属節だけからなる文章が頻出する奇怪で切れ切れの文体からしても、通常の哲学書とは異なる相貌を持つ（直訳してしまったら、理解不可能な日本語になるのだが、本書ではあえて原文の構文を活かして訳す）。

2――二十年の沈黙

語られなかった近親者の死

このことはレヴィナス自身の体験を参考にすることができる。ブランショによってオルレアンの修道院に匿われた妻ライッサと娘シモーヌをのぞいて、親兄弟を始めとする彼の親戚すべてはナチスによって命を落としている。もちろん家族以外にも数多くの犠牲者がのしかかる。ところが実は犠牲者が体験したはずの苦痛と生き残りであるという罪悪感をめぐるレヴィナス自身の苦痛については、戦後長い間触れることがなかった。おそらくは触れることができなかった。二十年間の沈黙にこそ大きな意味があり、その後に形成された奇怪な『存在の彼方へ』

の思考を準備している。

ようやく『固有名』のあとがきである「名前なしに」（初出時は「旗なき栄誉」〔一九六六年〕）のなかで、彼は自らの外傷について語り始める。ショアーにおいて虐殺された者たちの遺棄、そして生き残ってしまったレヴィナスの罪障感について、終戦から二十年たってようやく彼は語り始める。「名前なしに」は外傷へと初めて直面したテキストとして重要であるため、本書のなかでたびたび振り返ることになる。

〔歴史上の様々な災厄のなかでも〕一九四〇年から一九四五年のあいだにしか生じなかったことは遺棄である。つねに人は独りで死に、どこでも不幸なものたちは絶望していた。そして孤独なものと絶望したもののなかでも、不正の犠牲者はいたるところでつねに最も悲惨で最も孤独であった。それにしても、誰がヒトラーの勝利によって疑問に付された世界のなかで死んでゆく犠牲者の孤独について語るのだろうか。〔…〕四半世紀以上前に、私たちの生は中断してしまった。おそらく歴史も。〔…〕このような腫瘍を記憶に持つとき、二十年の歳月といえども何も変えることはできない。おそらくは遠からず死が、六百万人の死者に対して生き残ってしまったという不当な特権を消してくれるだろうが。〔…〕底なしの穴を埋めることは何によってもできなかったし、覆いをかぶせることすらできなかった。日常の散逸の片隅でこの穴に立ち戻ることは少なくない。そしてその淵で〔私たちを〕捉える眩暈はつねに同じである。(8)

犠牲者の遺棄は（思い出すことも忘れることもできない）腫瘍である。レヴィナスが精神医学の文献に言及することはないが、しかし彼がここで書いた内容は心的外傷後ストレス障害（PTSD）の記述でもある。他者が絶望のうちで孤独に死んだという無意味を消すことはできない。この無意味に直面したレヴィナスは眩暈に襲われる。眩暈とは外傷体験のショックのなかで支えを失った身体の状態である。

後期の主著『存在の彼方へ』にはナチズムの犠牲者へと捧げられる献辞が付いていることも知られている。

国家社会主義によって虐殺された六百万の人びと、そして他の人に対する同様の憎悪の犠牲、同じ反ユダヤ主義の犠牲者となった何百万もの人びとのうち最も近しい人の思い出に。(9)

虐殺された近親者を追悼するときに、レヴィナスは六百万人の犠牲者を同時に悼む。レヴィナスが無限の責任や身代わりといった実現不可能な〈倫理〉を語るとき、その対極には生き残ってしまった罪障感という受容不可能なレヴィナス自身の体験がある。外傷は自分の記憶に収まることはなく、自分を破壊する異物、腫瘍となる。

レヴィナス自身は捕虜収容所に収容された。絶滅収容所に収容されたプリーモ・レヴィや、パウル・ツェラン、フランクルなどとは異なり、自分自身が凄惨な体験をしたわけではない。それゆえ、自らが経験した壮絶な体験ではなく生き残ってしまったことの罪悪感が前面に立つ。私が苦しむべきだったのに実際に苦しんだのは他者だったのである。逆にそれゆえに、他者の身代わりに私が苦しむという仕方で意味が可能になるという後期のテーゼが生まれた。

3——外傷の哲学へ

レヴィナスの最終的な到達点は以下の二点に要約できる。壊れる身体が主体の核にある。西欧哲学は壊れることのない知性を前提としてきたためにこの点を見逃してきた。これが一点目である。にもかかわらず、外傷という、受容も不可能な耐え難い無意味のさなかで、他の人のために（代わりに）苦しむという形で、そのまま無意味が〈意味〉の可能性へと反転する可能性があるというのが二点目である。外傷可能性と回復可能性が主体のなかにそもそも書き込まれているということ、これがレヴィナスの大きな発見である。無限責任による〈倫理〉とは、ぎりぎりのところで外傷の無意味を意味へと反転する論理なのである。

ショアーの傷跡がレヴィナスの思想を決定している。倫理とは外傷を反転する可能性のこと、回復可能性のことである。ところが実際には戦後二十年間、具体的に苦痛について語ることはなかった。たとえば第一の主著とされる『全体性と無限』が典型的である。ここでは匿名化の暴力を論じているが、暴力によって被るはずの苦痛についてはほとんど触れられていない。しかしながらこの沈黙は逆に、外傷という主題があまりに重大であったために扱うことができなかったのだということを、後期レヴィナスにおける苦痛に関する議論の氾濫が照らし出している。

先ほど引用した「名前なしに」を境として、特に『存在の彼方へ』から一九八〇年代のタルムード講話のなかで、ショアーや外傷に関する考察が展開される。無意味を意味へと転換する仕組みを発見するまでに二十年かかったのであり、狂気と見紛う異様な後期思想によってようやく外傷を表面化させることができたのである。

外傷の哲学として見たときの見通しをまとめてみる。

（1）初期の不眠についての議論。レヴィナスにはそもそも離人症的な要素がある。他者から断絶しているという感覚が初期の議論にはある。そして不眠における世界からの断絶が、戦前から一貫してレヴィナス思想の通奏低音を形成している（第3章）。

（2）安心の理論。戦後の中期思想は外傷について沈黙している。これは一つは外傷体験を否認する防衛機制として「住居」という概念を設定し、健康な行為主体の基盤として安心を据えたからだ。

（3）外傷の理論。一九六六年以降、外傷とその記憶を出発点として主体と対人関係を考え直すことを模索している（第6章）。

（4）狂気の理論。外傷の理論はその極限値として迫害妄想を想定する。このとき議論は現実には存在しないが想定することはできる領域、すなわち妄想のなかでのみ実現可能になる現象へと踏み込む。この地平では、幽霊と関わり、死者を甦らせ、「ある」が神と同一視される。

（1）EDE, 236、『実存の発見』三百四十八頁。邦訳では「妄想 délire」が「忘我的熱狂」と訳されている。

（2）EN, 110-111、『われわれのあいだで』百三十二頁。
（3）AE, 26-27、『存在の彼方へ』四十三頁。
（4）AE, 228、『存在の彼方へ』三百三十二頁。
（5）芥川龍之介『歯車』。
（6）AE, 196-197、『存在の彼方へ』二百八十四−二百八十五頁。
（7）AE, 222、『存在の彼方へ』三百二十三頁。
（8）NP, 142、『固有名』百八十五−百八十七頁。
（9）AE, 5、『存在の彼方へ』三頁。

第3章 逆流する創造——初期の世界論と他者論

一神教は、運命を乗り越える教義であり、逆流する創造と啓示なのである。(「現実とその影」[1])

無意味こそ世界で最も良く分かち持たれたものである。(「抹消——ミシェル・レリスと言葉の超越」[2])

1——出発点としての無意味

レヴィナスが抱えていたもの

本章では倫理的なモチーフがまだ登場しない初期のレヴィナスを扱う。実は彼は第二次世界大戦以前から、奇妙に病的な経験を出発点とする思想をもっていた。

初期のテキストを読む限り、レヴィナスはもともと抑うつ、閉塞感、自己感の喪失、離人感といったものを抱えていたように思える。他者論を展開するようになった戦後のレヴィナスもまた、どこか人とつながることができないという感覚を持っていたのかもしれない[3]。過剰な他者の登場は、逆に人とつながることができないというもどかしさの裏返しのように見える。

初期から最晩年まで一貫して、自分がばらばらになって消えてしまう感覚をどうにかして抑え込み、抑え込みのための症状を思想として作り出す。もちろんショアーの衝撃は文字通りの外傷体験であって、レヴィナスの哲学を類例のないものにするのだが、実は戦前の思考のなかに、彼がそもそも持っていた体質はすでに表現されている。初期の思考もまた、無意味な体験から意味を獲得しようとする試みであり、ばらばらになって自分が消えてしまうという感覚から自分自身をまとめなおそうとするプロセスなのである。

ところで一九三〇年代から一九四〇年代後半までのレヴィナスの初期思想の特徴もまた、それ以降と同じように〈存在〉の批判にある。一九三四年にハイデガーがナチス政権に協力したことへの深い幻滅と怒りから、あれほどまでに熱狂したハイデガーを拒絶する。レヴィナスは「マルティン・ハイデガーと存在論」（一九三二年、『実存の発見』所収）においてフランスに紹介した人物でもあったのだが、以後一貫してハイデガーをフハイデガーを批判する。こうして一九三四年に発表された「ヒトラー主義哲学についての諸考察」がオリジナルな思想の出発点となる。おそらくもともと持っていた閉塞感と離人感がハイデガー批判と結びついて「存在こそが悪である」という奇妙な主張を生んだ。

自分自身への束縛

「存在」とレヴィナスが呼ぶ現象は、過剰な自己同一性と自己の消失という、一見両立しない二種類の働き方をする。前者は存在への緊縛と呼ばれる。これは疲労や不眠において身体へと縛りつけられて逃れられない状態である。後者は不眠において眠ることも起きることもできなくなった自己が非人称的な闇へと溶け込むことである。
一九三〇年代にレヴィナスがまず注目したのは、身体への束縛である。

ところで、身体は単に永遠によそよそしいものなのではない。〔…〕同一性の感覚sentimentというものがある。〔…〕スポーツの危険な試みのなかで、危険を冒した練習において死がかすめるようなほとんど抽象的な完成へと身振りが到達するなかで、自我と身体のあらゆる二元性は消え去らなくてはいけない。(4)

奇妙な一元論である。身体に縛りつけられることが問題なのだから、縛りつけられている何か魂のようなものが想定されているようにも見えるがそうではない。身体と身体に伴う苦痛しか存在しないのであるが、その一元論が閉塞感とともに違和感を生むのである。身体へと縛りつけられると同時に身体に対して違和感をもつ。身体への束縛は自分の身体に住みつくことができないという身体からの排除でもある。

苦痛の根底にはそれを断つことができないということ、そこに縛りつけられているという痛切な感覚sentimentがある。(5)

単なる肉体疲労だけでなく、たとえば外傷体験時に身体が麻痺するような状態を視野にいれることができるであろう。というのはこのとき身体は単に自分自身に縛りつけられるだけでなく、運動を分節し創造的に行動を組み立てて統御する仕組みを失っているからであり、これはまさに主体の喪失である（極度の苦痛においては意識が身体から解離し、外からぼんやり眺めるような解離状態になるという。これは身体の縛りつけがもたらす破綻を回避する防衛機制だろう）。身体への束縛とは、身体を体験と行為の場たらしめている組織化の力が失われている状態でもある。

戦前の思考では存在への縛りつけに対して積極的な解決策は示されなかった。漠然と「逃走する必要がある」と言われるだけで、その内実は明らかになっていない。[6]「逃走について」では「どこへ」向けて逃げるのかは問題ではなく、ただ単に「ここから出る」ことだけが目指される。目的地のない純粋な脱出の運動である。そしてこの逃走の運動が自己定立と同一視されることで、一九四〇年代の主体生成 hypostase の思考へとつながってゆく（「逃走は〔…〕自己を定立するという事実の内的な構造として現出しなくてはいけない」[7]）。自己を定立するとは、束縛から脱出することなのだ。

その後も『実存から実存者へ』の第1章が脱出を検討しなおしている。このときのレヴィナスは「未来への跳躍[8]」という回答を与えている。目的地なき脱出は、目的ならざる外部としての他者を見出すことになるが、この点は次節で論じることになる。裏を返すと、いかにして自己への縛りつけ、あるいは存在への縛りつけという暴力を克服する手段を手に入れるのかが、『全体性と無限』までのレヴィナスの道のりを貫く動機づけであり、他者という主題はそのなかで導入される。

匿名性

捕虜時代のノート、そして一九四七年に出版された『実存から実存者へ』において、もう一つの無意味が登場する。これが「ある」と呼ばれることになる非人称的な存在の経験である。戦前の思考においては自我の自己同一性への縛りつけ、つまりは過剰な自己同一性が問題となっていたのであったが、ここでは存在者を持たない存在のなかに溶け込んで消失することが問題となっている。

覚醒は匿名である。不眠においては私が夜を見張っているのではない。夜自身が覚醒しているのだ。〈それ〉が覚醒している。この匿名の覚醒のなかで、私は完全に存在へと曝されている。そこでは私の不眠を満たすあらゆる思考は何物でもないものへとぶら下げられている。(9)

自己同一性の過剰と消失、どちらも自己を壊すという点で無意味なのである。両者は論理的には対立する事象であるが、レヴィナスの記述のなかでは区別できないことも多い。おそらく彼の生理としては同じことだったのだろう。逆にいうと、主体という現象が生成の運動そのものとして捉えられているがゆえに、運動を妨げる固定は主体の消失でもある。逃走という最初期のモチーフも、主体生成 hypostase という『実存から実存者へ』のなかのモチーフもこの主体生成の運動を示している（レヴィナスの記述では、主体、自我、自己といった言葉は明瞭には区別されていない。本書では、能動性が含意されるときには主体、受動性が強いときには自己というように使い分けていくことにするが、それほどはっきりしたものではない)。

2――逆流する創造

廃墟としての世界

自己の消失からの自己の誕生、つまり無意味からの意味の誕生、外傷からの回復としてレヴィナスの哲学全体は読むことができるが、その内的構造はそれぞれの時期で異なる。一九三〇年代には単純に逃走として考えられていた。一九四〇年代は、廃墟から時間が逆流して世界が誕生するという奇妙な発生論をレヴィナスは構想している。一九五〇年代からは他者との関係のなかに閉塞からの脱出路が見出されてゆくことになる。

世界が瓦解した廃墟から遡って、フィルムが巻き戻されるかのように壊れつつある世界が出現する。あるいは自己の溶解した状態から出発して壊れる瀬戸際にある脆弱な自己が誕生する。死体との関係から死につつある女性との関係が生まれる。終末から出発して、終わりつつある状態へ向けて時間が逆流しつつ発生するのである。いずれの場合も、廃墟や死体は「ある」(存在)の一形態であり、そこからの脱却が試みられている。ハイデガーとは異なって存在とは時間の不在のことであり、そこから時間というものを作り出す作業が問題になる。

くりかえすと世界の出発点はすべてが抹殺された存在者なき存在の状態であり、自己の出発点は乳児ではなく不眠のなかで自己感が喪失してしまった状態であり、対人関係の出発点は母子関係ではなく自分が殺した死体が幽霊として背後から忍び寄ってくるという関係である。すでに壊れた世界を出発点として、壊れかけている状態へと回帰しようとするのである。世界は実は潜在的にすでに壊れてしまっているし、私は人を殺してしまって目の前には死体が転がっている。そもそもゆっくり眠れたことなどないではないか……世界の終わりを出発点において、世界の終わりから不安定な世界へとどのように戻ることができるのかを考えるのである。極限値から思考するのは後期に至るまで一貫したレヴィナスのやり方である。

「壊れた世界」あるいは「転倒した世界」といった表現がどれだけ流通して凡庸なものになったとしても、或る真性の感覚 sentiment となって、それを表現しているのは間違いない[10]。

この文は、捕虜収容所から帰還したレヴィナスの偽らざる感想であろう。世界は文字通り壊れてしまっていた。

外傷体験を初めて吐露することになる二十年後の「名前なしに」では、このような壊れた世界が何事もなかったかのように元通りになるとしても「何ものも、開いた深淵を満たすことも覆い隠すこともできなかった[11]」と虚しさを語っている。建物や社会制度を作りなおしただけでは、世界の意味は回復できなかったのである。つまり復興した戦後の西欧社会もまた廃墟の相を保ち続けている。文明世界は常に廃墟なのだ。

初期を特徴づける最も重要な概念である「ある」とはこのような廃墟の相のことである。おそらくは森のなかの捕虜収容所で完全な暗闇に包み込まれたなかでの不眠の状態が、その原光景であろう。

夜は「ある」の経験そのものだ。事物の形が夜のなかに溶けて消えたとき、夜の暗さは対象でもないし対象の質でもないが、現前のように充たす。夜のなかで私たちは夜に縛りつけられ、何物とも関わりをもたなくなる(12)。

夜の空間があるが、それも空虚な空間ではない。透明さは私たちを事物から区別するとともに事物への接近を可能にする。透明さによって事物は与えられる。暗さは透明さを内容物のように満たす。空間は充満しているが、何ものもない無によって充満している(13)。

「ある」を特徴づけるのは、あらゆる存在者の不在(光の不在、形の不在)を埋める不定形の闇である。「現前のように」「内容物のように」と、実際には何もないが、何もないことが現前し内容となっている。光のない闇において私と事物は区別されないし、事物と関係を持つこともできない。ただ未分化な塊だけが残る。そして金縛りのように自分でコントロールすることができなくなった体に縛りつけられて、逃げ出すことができない。認識することも、そこに住み着いて行動することも不可能な領域である。何も無いし、何もできないのであるが、しかし重苦しい〈何か〉がそこにある。夜、存在者の消失は無ではなく「中身のようなもの」が残る(無と「ある」とは微妙に区別される。無を覆い隠す「ある」という差異は、第6章で見るように『存在の彼方へ』で重要な意味を持ってくる)。つまり存在者の不在は「ある」によって埋められる。この「ある」は形を持った対象が形を失ったときにあらわになる物質性であるとも言い換えられる。

存在の物質性の発見は何か新たな質の発見ではなく、形を持たない存在の蝟集《いしゅう》の発見なのだ。形の輝きの背後にあった〔…〕、物質性は「ある」という事実そのものなのだ。[14]

形を失った質量とは、世界から分節を排除した姿である。分節には文化的なものと、文化以前にたとえば身体の形、大きさ、機能や方向性によって決められたものもあると思われるが、いずれにしてもこのような秩序すらも失ったときには、あらゆる秩序がないのだからもはや住み着くことのできない空間が残ることになる。

「ある」には様々な説明が加えられる。（1）不眠、（2）存在者を抹消する思考実験、世界の分節が失われる何も見えない夜、（3）「雨が降る il pleut」や「ある il y a」のなかに登場する非人称代名詞 il の働き、（4）自分が殺した他者の死体（本章3）、（5）現代の抽象芸術に登場する形を持たない質量である（本章4）。

主体生成 hypostase

非人称性に対する一九三〇年代の解決方法は脱出だった。一九四〇年代のレヴィナスの克服方法は主体生成 hypostase と彼が呼ぶ現象である[15]（既訳では「実詞化」などと訳されている）。主体生成とは、何もない無差別の闇の広がりのなかに、「ここ」という点を打つ出来事である。主体生成についてはのちほど議論する。他方「ある」からの世界の発生については『実存から実存者へ』においてはほとんど議論されることがない。わずかに述語として理解可能な分節を得るということが言われる。

主体生成 hypostase によって匿名の存在は「ある」という性格を失う。存在者――存在するもの――は be 動詞の主語であり、それによって存在者の述語となった存在の運命へと支配を行使する。(16)

この引用では主語としての主体の生成に対して、分節された述語の誕生として世界の誕生を語っている。「ある」は「雨が降る il pleut」という行為主体のない動作、主語の不在の状態だった。主語の il は非人称であり、何ものも指示しない。主体生成 hypostase は主語となる行為主体の誕生であるが、同時に主体が活動する世界の誕生でもある。このとき世界は述語として分節される。「私」の誕生はレヴィナスの哲学全体を貫く大事なテーマであるので、第5章でまとめて扱いたい。世界の誕生は言語的な秩序の誕生がテーマとなるのだが、本章4の芸術論で批評と解釈の問題として扱う。

まとめると、身体への束縛のなかでの窒息と非人称的な「ある」のなかでの自己の消失からの、自己の誕生が初期のライトモチーフとなっている。私と世界の区別すらない「ある」の塊から、私と世界との誕生を語りだそうとするのである。この誕生のために他者が必要になるので、次に初期の他者論を取り上げる。

3——死体から女性へ——初期レヴィナスの転倒した他者論

一九四〇年代のレヴィナスは他者との関係が、主体生成 hypostase とともに「ある」からの脱出の方法であると考えている。ただし他者もまたまずは死体や幽霊という姿で「ある」の一種として登場する。そこから真の他者である女性が誕生することで「ある」が克服される。

最初の他者としての死体

近年出版された『著作集』第一巻に収められたノートによって戦争捕虜時代のレヴィナスがすでに他者論を手がけていたことが明らかになったが、これはもっぱらプルーストの読書を通したものである。プルーストが描いたいくつかの恋愛が他者論のモデルなのだ。ノートから断片を一つ引用してみよう。

プルーストにおいては、純粋に社会的なものの詩〔がある〕。その興味は「心理学」にではなく「社会的なもの」という主題にある。囚われのアルベルティーヌの物語全体は、他の人 autrui との関係の物語だ。アルベルティーヌと〔その嘘〕は、他の人のはかなさ、無でできたその実在、不在によってできたその現前でないとしたら何だというのだ。それとともに、眠るアルベルティーヌ、植物的なアルベルティーヌを前にした穏やかさ。「性格」「固体 le solide」、事物。(17)

初期のレヴィナスは「社会的なもの le social」という概念で他者論のことを指している（レヴィナス自身は「他者論」という言葉は終生使わなかった）。後期においても「社会性 la socialité」という言葉で他者論のことを指している。

眠り失踪し死ぬアルベルティーヌがモデルとなることで、他者は逆説的にも事物・固体に似たものとして発見されている。公刊著作に限っても、レヴィナスが初期に論じている他者は死体、幽霊、死につつある女性である。以下では、女性と死体との交替が他者の限界値、つまり死者と死にゆく人との境界線に関わるということを示してゆきたい。

まず『実存から実存者へ』での死体の分析によると、「ある」は世界を破壊するだけでなく、他者を破壊する。正確には他者と関わる可能性を破壊する。「ある」は世界の秩序の破壊、自己も溶け込んで消失する闇を埋める何かだ。「ある」において不分明なまま切迫する得体のしれない他者のようなもの、それが気味悪い死体と幽霊である。死体から生じる幽霊とは「ある」の一種であり、「ある」のなかの人間に切迫する要素である。レヴィナスはシェイクスピアの『マクベス』を論じる。

犯罪が作り出す無のなかで、存在は窒息に至るまで凝縮して意識をまさに意識への「退却」から引き出す。死体とは恐ろしいものである。死体はそのなかにすでに自分自身の幽霊を抱え込んで、自分自身の回帰を告げている。亡霊、幽霊は恐怖のエレメントそのものを構成する。(18)

バンクォーの死体はマクベス自身による殺人の帰結である。自分が殺したがゆえに死体は恐ろしいものとして登場する。幽霊となって復讐されるかもしれないからである。世界の消滅としての「ある」が恐ろしい経験であるのと同じように、他者の消滅としての死体も恐ろしい。この引用は、公刊著作のなかでの最初の他者への言及であるが、ここではまだ対人関係は議論されていない。死体と幽霊は「人」の手前にある他者を指し示している。言い換えると「ある」が世界になる手前で、世界論の出発点を記すのに対し、死体との関係が、人となる手前で他者論の出発点となる。

動揺としての死者の経験

死の経験は動揺として特徴づけられる。[19]『実存から実存者へ』のなかでの死体のショックは、知にも対人関係にも還元することができない。知と対人関係は意味を可能にする。この意味性への還元不可能性ゆえに、死体との出会いは〈無意味〉の体験としての「ある」の体験の一例となる。『実存から実存者へ』のなかでは死体との出会いはあらゆるカテゴリーと理解の可能性を壊すがゆえに恐ろしいものであった。死体が私による殺人の産物である以上、死者と私とのあいだに和解の可能性はなかった。死体とはコミュニケーションをとれるわけではないが、かといって単なる事物でもない。それゆえに、死体は生物学的な事実ではなく、人間の経験にとっての〈無意味〉なのである。

看護の事例から

対人関係の手前の他者が何を意味するのかをより明確にするために、植物状態の患者を看護する看護師を研究した西村ユミの著作『語りかける身体』を引用する。ある植物状態の患者が（植物状態になった理由とは関係がない）がんに由来する発作を起こした場面である。

痙攣発作が起こる前までは、声かけに対するまばたきの動きで、コミュニケーションをとっていた。「もともと白内障があって見えているかどうかは別だけれども」、少なくともAさんにはそのように感じ取れていた。Aさんの表現では「聞こえて分かる、見えてるかなっていうような、私が映っていて、分かってくれてるだろうなっていうのが、ぱっと見て分かっていた」という。しかし、約二日間の痙攣後に「ぱっと目をのぞき込んだとき、私が映っていない」という印象を持った。そして、Aさんはこの大痙攣を契機に「住田さんの目付きが変わってしまった」その眼をのぞき込んだら何も映ってないような気がした」と言う。しかし、他のスタッフの記録には「パッチンと瞬目がある」と書かれており、「瞬目があいまい」と記録していたのはAさんだけであった。このような他のスタッフとの見方の違いについて、Aさんは「痙攣を起こしたという情報が私のなかにインプットされて私の目にフィルターが掛かっていた可能性があった」とも考えたようだが、どちらが正しいかと言うよりも、自分の直観で「そう思っちゃったから仕方ない」と話す。[20]

看護師は次のように語る。

「〔…〕底無し沼じゃないけどなんか、なんかこう泉を覗き込んだときのような感覚、真っ暗でその先に何も無いような気がしたんですよ。……本当にそう、普通に今までと同じように話しかけたけども、何かね目が真っ暗だったんです、眼の奥が。いや普通人間の目の奥は暗いんですけど。暗いんだけども、そういう暗さじゃなかった。……だから知らないそのポッカリ開いたものを恐る恐る覗くとなると、やっぱり見えてくるはずのものも見えないっていうのはあると思う。[21]」

発作の前、看護師は植物状態の患者の住田さんと「コンタクト」があった。少なくとも、彼女は彼が生きていると感じていた。ところが発作のあとでは看護師は住田さんの目に「何も映ってない」ように感じている。まだ生物学的には生きているのにもかかわらず、コンタクトが失われ、死んでいるように感じられることが問題になっている。目を覗き込んだときの「底無し沼」とはレヴィナスにとっての死体の経験と対応した、還元不可能な無意味であろう。レヴィナスにおける死体とは生物学的に死んだ身体のことではない。そうではなくあらゆるコンタクトが不可能になった他者の身体のことである。意味を欠いた深淵の体験、それが死体を前にした動揺である。死体のなかの非人間的なものとは、このようなコンタクトの不可能性である。言い換えると、Aさんにとって住田さんはもはや一緒の世界には存在しない。

看護師は（かつては植物状態のなかでもなお存在した）患者とのコンタクトを失ったがゆえに怯えている。コンタクトの可能性が失われたときに身体は〈恐ろしいもの〉になると言うことができるし、逆に相手が植物状態であっても成立するコンタクトの可能性とは後ほどエロスとして取り上げるものに他ならない。死者は必ずしも死体ではない。たとえば親しい人の遺体は恐ろしいものではない。遺体は死体ではない。たとえ想像的なものだったとしてもコミュニケーションは続けられる。逆に、死体を前にした恐怖とは他者とのコンタクトの可能性の破壊のことである。

死体の本質としての幽霊

本節初めの『実存から実存者へ』の引用をよく読むと、死体は幽霊と似ているのであるが微妙な違いがある。「死体はそのなかにすでに自分自身の幽霊を抱え込んで」と言われるように、あたかも幽霊を死体の本質として取り出すことができるかのようである。死体とは生物学的あるいは法学的な記述ではなく、身体の現前にもかかわらずコンタクトが不可能であるという経験であり、この不可能性が幽霊として輪郭づけられている。死体という「生の消滅」を充たす何かが幽霊という恐ろしいものとして回帰する。夜の闇における存在者の消失を「ある」が充たすのと同じである。

> 亡霊、幽霊、魔女は〔…〕このような存在と無の境界の上を恒常的に動くことを許す。この境界では存在が無に沁み込むのだ〔…〕。〔…〕存在の影をこそマクベスは恐れる。存在が無のなかで増殖するのである。(22)

幽霊とは恐ろしい死体の〈本質〉としての「存在の影」である。無化された他者をも埋める「何か」である。幽霊とは不可解な怪奇現象ではなく、理解可能性の喪失のシグナルであり、「無のなかで増殖する存在」としての「ある」に他ならない。幽霊は「ある」の本質であって必ずしも対人関係に限定する必要はないことがわかる。芸術を論じた「現実とその影」（一九四八年）のなかでも絵画における感性的なものを「ある」の発見としながら、レヴィナスはそれが幽霊的なものであると特徴づける。(23)

そして次の引用を見ると、幽霊の脅威は、前節で論じた身体への束縛と同じものでもあることがわかる。身体をコントロールすることができなくなり、明確に分節できなくなったとき、得体のしれない異物に取り込まれてしまうのである。

〔ハイデガーにおいて〕無への不安と対立される存在の恐怖、存在してしまうことの恐怖であって、存在に対する恐怖ではない。「何ものか」ではないような何ものかの餌食になり引き渡されること。〔…〕恐怖は永続的な実在への禁固、実存の「行き止まり〔出口なし〕」を執行する。〔…〕フェードルは死の不可能性を発見する。(24)

人間的なコンタクトの喪失としての幽霊は、行き止まりの空間に閉じ込められる統合失調症患者の経験にも対比することができるかもしれない。たとえばヘンリー・ジェイムズの中編小説でベンジャミン・ブリテンがオペラ化した『ねじの回転』では、主人公の家庭教師が幽霊から子どもたちを守ろうとする。しかしこの幽霊は明らかに彼女の幻覚である。もしも私が目の前にある身体といかなるコンタクトも持てないときには、身体が生きていると感じることができずに幽霊を感じるのであろう（逆に葬儀における遺体を前にした悲しみは死者の「魂」を見出すコンタクトの一種である）。

幽霊とは、対人関係の不可能によってうがたれた空虚を埋める偽の他者である。その時間性格は持続の喪失としての永遠である[25]。もはや動かない、そして内的時間意識をもたない死体を前にして、人は時間の停止を垣間見る。このような時間の停止という発想はすでに捕虜時代のノートにも見られ、それはすでに死体とも結びつけられている[26]。

このことは一九四〇年代にすでにレヴィナスは時間が対人関係のなかで成立すると考えていたということを示している。

女性あるいは死につつある者

死体の次に女性が登場する。レヴィナスにおける女性とは、言葉と行為能力との手前の水準の人間存在のありかたのことである。そして女性との関係とは、（何かを伝達する）コミュニケーションの手前にあって何も伝達しないが関係だけが生じるという純粋なコンタクトのことである。レヴィナスはこのコンタクトという他者との原初的な関係のことを愛撫とも呼ぶ。他者との初めての関係（レヴィナス哲学の構造物の順序において「初めて」ということだが）は愛撫である。

女性はそれ自身はまだ意味することがない。その意味で女性という最初の他者は「ある」や死体ではないが、その延長線上にある。しかし無意味としての死体と、初めての他者であり意味の母体である女性とのあいだには断絶がある。女性への関係はまだ意味作用を持たないが、それは「言葉を語らない[27]」押し黙った他者への関係だからであり、意味性の母体だからである。このような関係が愛撫と呼ばれる。一九四〇年代の議論を練り直した『全体性と無限』の第四部「エロスの現象学」から引用してみる。

> コンタクトとしての愛撫は感受性である。〔…〕愛撫は何も摑まない。愛撫は絶えずその形から逃れて決して十分には未来ではないような或る未来へとゆくものへと懇願する。存在しないかのように逃れてゆくものへと懇願するのである[28]。

愛撫は身体の物質性の彼方の何かを狙う。しかし愛撫は「何も摑まない」。愛撫は他者の思考も運動感覚も狙うことはない。愛撫は言語だけでなく表情や身ぶりすら前提としないがゆえに、何かを伝達するコミュニケーションの外側で、直接に他者の「何ものでもない何か rien」を狙う。

> 愛撫は人格も事物も狙わない〔思念しない〕。愛撫は、〔…〕意志も抵抗もない非人称的な夢のようなもののなかに霧散する何らかの存在のなかに迷い、受動性、すでに動物的あるいは子どものようで、かつすでに全く死に委ねられた匿名性のなかに迷う[29]。

死にゆく女性の〈本質〉である「何ものでもないもの rien」は、現象の「仕方」であって実体ではない〔死体の〈本質〉が幽霊という「ありかた」だったことを思い出せる〕。この「何ものでもないもの」は誰もいない中間地帯 no man's land で生起し、理解可能性の外側に位置する（no man's land は「ある」の同義語としても使われる）。この「何ものでもないもの」は存在と未だ存在しないこととのあいだで生じる。他者との初めての関係は愛撫であり、何ものでもないものに触れることなのだ。このような接触においては何ものも伝達されない。つまりコンタクトではあるがコミュニケーションではない。すでに「死に委ねられ」てはいるがまだ現象学的には死んでいない身体、つまりは生きているというだけの身体を狙うのである。

レヴィナスは順序を転倒させる。根源的な対人関係はコミュニケーションでも他者認知でもない。（対人関係の不可能性としての）死体との関係が対人関係を準備し、続いて死にゆく者との非言語的なコンタクトとして対人関係は誕生する。彼は死体との関係を出発点にする転倒した他者論を提案している。世界が廃墟からの逆流する発生として考えられるのと同じように、死体とのコンタクトの不可能性から出発して、女性的存在との身体的コンタクトが発生する。意味というものはそもそもそれに先立つ無意味の反転として生じる。対人関係の出発点は死者の復活である。死につつある者としての女性とのコンタクトは、死体の切迫と、何かを伝達するコミュニケーションとのあいだの敷居に位置する。死体との関係が対人関係に先立つ深層を形成するのに対し、死につつある者との関係は対人関係の初源的構造を示す。

死体と女性のテーマは捕虜時代のノートに始まり『時間と他なるもの』から「プルーストと他者」（一九四七年）に引きつがれる。特に『時間と他なるもの』では死から他者が導出される。一九三〇年代、苦痛はまさに逃避不可能であり自己身体への緊縛だった[30]。しかし苦痛はもう一つの側面を持っている。死に対する関係である[31]。

死との関係は認識不可能な現象との関係、認識する志向性からは全く目に見えない何かとの関係でもある。認識から逸脱するものとの関係という点において、外部不在の自己への緊縛だった苦痛が、なにがしかの外部との関係となるのである。

死というこの認識不可能な外部との関係を〈神秘〉とレヴィナスは呼んでいる。[32] 認識不可能な外部とは他性の最たるものである。次の引用では死という神秘が女性という神秘へと転換してゆく。

他者との関係は何らかの〈神秘〉との関係である。それは神秘の持つ外部性あるいはむしろ他者性である〔…〕。それゆえに、苦痛によって孤独のなかでの痙攣に至る存在だけが、死との関係に至る存在だけが、他者との関係が可能になる地盤に立つのである。[33]

この文章だけを突然読んだら意味不明であろうが、ここまでの文脈から、死との関係の後に、女性との関係すなわち身体とのコンタクトとして対人関係の発生を語っていることがわかる。コンタクト（愛撫）は伝達内容を持たない。相手は神秘として登場する。そしてこの神秘はそもそも他者の身体が胚胎する死に由来するのだ。

以下では再び『全体性と無限』を引用する。

処女は捉えがたく、殺人なしに死につつあり、気絶し、自分の未来へと退き、予期によって約束されるあらゆる可能なものの彼方にとどまり続ける。「ある」の名もないざわめきのような夜の傍らには、不眠の夜、隠されたもの、密かなもの、神秘的なものの夜の背後には、エロティックなものの夜が広がる。[34]

女性は死につつある者の代表である。死体の体験は「ある」の水準に位置し、エロティックなものが「ある」の不眠の傍らにあることから、死体と女性の連続性が確認できる。と同時に、女性自身は殺された死体とは異なって「殺人なしに死につつある」。それゆえ連続性と断絶が同居する。

女性はあらゆる文化的属性を剝ぎ取られたいわば純粋な生きているだけの身体として私に切迫する。このような〈身体〉のことをレヴィナスは「肉体的なもの」と呼ぶ。

死につつある者として、肉体的なものはフッサールの運動感覚的な「私はできる」の意味での可能性は持たないし、レヴィナスの顔の意味での表現の可能性も持たない。しかしながら肉体的なものはまだ死んではいない。[35] 単なる事物の物質性とは異なる〈生きているものの物質性〉がここには残っている。このことをレヴィナスは「極度の物質性 ultramatérialité」と呼んでいる。

しかしながら、この極端な脆さは、「もったいぶらない」「単刀直入の」実存の極限値に位置してもいる。これは「意義を持たない」生の厚みの極限値であり、法外な或る極度の物質性の極限値である。これらの最上級表現は、暗喩以上にうまく物質性の絶頂のようなものを翻訳する。[36]

極度の物質性は、（女性的なものとの関係における）心的なものの不在と、（死につつある身体の持つ）単なる物質ではないという剰余としての生を同時に意味する。他者の持つ他者性の核は何がしかの精神性や心的なものなどではなく、死にかけの身体にも残る生である。

ところでレヴィナスは女性を「殺人なしに死につつある」と形容していた。というのは女性は、言語的あるいは非言語的コミュニケーションの可能性すら持たないものの、しかし何か恐ろしいものというわけではないからである。コンタクトの可能性すらないときに、死体は恐ろしい幽霊となる。死体は意味を持たない。逆に、肉体的なものとしての女性とのコンタクトとしての愛撫それ自体は意味作用を持たないものの、これは後に意味の母体となるのである。

緩和ケアの事例

ここでがん緩和ケアに従事する看護師さんに私が取ったインタビューから引用したい。ここでは死の間際に残る最後のコンタクトとしてのマッサージが取り上げられる。

C そうですね。……なんか、一言もしゃべらずに、こっちがマッサージしてるだけで、最後まで過ごした方もいますね。亡くなる数時間前に、最後マッサージして、「気持ちよかったです」みたいにおっしゃったのが最後で、そのまま数時間後に亡くなった、みたいな方もおられます。〔…〕基本やっぱりそばにいる、独りにさせないっていうのは、いっしょなんですよ。なんか、マッサージにしても、お話しするにしても、私自身が、その患者さんの近くにいて、……ううん……そうですね、その患者さんに「ちゃんと関心向けてるよ」っていうことを示す……のはおんなじなんです、マッサージでも。何にもしゃべらなくっても。それが、伝われば、いいのかな、って思うんですけど。（がん緩和一回目、24-26）

一見するとここで取り上げた患者さんと看護師との関係は、不在の人というレヴィナスにおける女性の定義とは矛盾するように見えるかもしれない。しかし患者たちはコミュニケーションの能力を失いつつあり、死を間近にしている。そもそもこの患者さんは元気な頃も看護師Cさんとのコミュニケーションを一貫して拒んできた。しかしCさんは、それでも患者さんのところに通い続け、マッサージを続ける。亡くなるその日に「気持ちよかった」などと二言三言話したのが最初で最後の会話だったそうだ。マッサージは、コミュニケーションを拒んでもなお生じるコンタクトとして、コミュニケーションが失われてもなお残るコンタクトを示している。このようなマッサージは、レヴィナスが愛撫と呼んだ現象の、具体的な現れではないであろうか。

死の間際にいる患者あるいは体が動かない人とのあいだの関係においては、言葉だけではなく身振りですらコミュニケーションができない場合がある。感情移入には事実的な限界がある。しかしながら、マッサージは（文字通りにも比喩的な意味でも）死にゆく人に「触れる」ことができる。マッサージはつながろうとする意志だけを伝えるコンタクト、具体的な伝達内容は持たないコンタクトとなる。マッサージは消えつつある人と共にいることの徴しなのである。この純粋な「共にいること」はいかなる社会的属性もともなわない[37]。同時に言語的にも非言語的にもコミュニケーションがないわけだから、患者は絶えずこの「共にいること」から逃れてゆく。「共にいること」から逃れゆく者との関係、これがこの「共にいること」の逆説的な定義になろう。

このようなコンタクトには科学的なエビデンスは成立しえない。第三者からは、患者と看護師とのあいだにはたしてコンタクトがあったのかどうかを確かめようがないのである。しかし看護師がこのようなコンタクトの成立を強く肯定することを可能にするような現象学的な明証性が成立している。

先ほどの西村ユミの『語りかける身体』からの引用についても同じことが言える。がんによる痙攣発作の前は、看護師は植物状態患者とのコンタクトを持っていると感じていた。植物状態の患者であるから、そもそも明確なコミュニケーションがあったわけではない（看護師は患者からの反応を感じてはいるが）。言語的コミュニケーションも非言語的コミュニケーションもないこのようなコンタクトは、本論の文脈ではレヴィナスが愛撫と呼んだ現象である。もちろん、意識のない植物状態患者と、意識がある状態で亡くなってゆく人とのあいだには違いがある。しかし身体とのコンタクトという点において、共通する何かがある。伝達内容はなくても他者とつながるということ、それが触れるということを通してであるということだ。コミュニケーションの手前のコンタクト、これが一九四〇年代のレヴィナスが発見した対人関係である。そしてこのようなコンタクトのなかで外部に触れた私は自分への緊縛から脱出し、非人称の「ある」からも脱出する。

4——レヴィナスの芸術論

「ある」としてのイメージ

「ある」にはもう一つ別のアプローチがある。それは芸術である。さらに芸術論には作品概念という側面がある。作品はレヴィナスの生涯を通して一貫して論じられる数少ないモチーフであり、しかも評価が完全な否定から肯定へと大きく変化する点でも興味深い。

レヴィナスは終生、芸術に対して強い関心を示した哲学者である。ただし同時代のサルトルやメルロ＝ポンティ、そして他の多くのフランスの哲学者とは異なり、レヴィナスは批判的な態度を取った。大まかにはレヴィナスの芸術論には二つの方向性がある。一つは後期にアグノンやツェラン、ソスノを論じるときのように「倫理」思想と結びつけて肯定する場合、もう一つは感性論の一種として扱う場合である。感性論の特徴は、好きなのだけどダメという両義性にある。一方でレヴィナスは芸術によって開示される感性的なものの本質を匿名の「ある」と結びつけて、さらには偶像崇拝や儀礼における忘我状態と同一視して批判する。しかし他方で、どうも本当は当時の前衛芸術によってもたらされた感性の解放に強い関心を示している。芸術を批判する公式見解の背後で実は、現代芸術が好きだったのではないかと思われる。ブランショ、レリス、プルースト、アトラン、デュビュッフェ、クセナキスといった芸術家たちを考察することで、一貫して文化的な秩序を剝奪したときに世界の残余として残る物質性を問題にしていた。時代錯誤にも見える厳しい芸術批判と、抽象芸術への鋭敏な感受性という矛盾した両義性がレヴィナスの芸術論の魅力である。

終戦直後のレヴィナスにとって、芸術とはまさに匿名の「ある」を開示する技術に他ならなかった。(38)「ある」についてはすでに論じたが、とりわけ芸術を通して議論することで、見えてくる側面がある。一つは「ある」がもつ巻き込みの力、もう一つは「ある」のもつ時間的側面である。

「現実とその影」と題されメルロ゠ポンティによる序文をつけて『現代』誌に掲載された一九四八年の論文の主題はまさに、イメージが廃墟を開示するということである。「形の不在」(39)は「ある」を形容する言葉でもあった。芸術は秩序だった世界の背後の物質性を照らすのである。

この論文では現実の「影」としてのイメージが、現実の中立化の機能をもつことが（フッサール由来のフィンクの像意識の議論をもとに）論じられる。(40)ただし本来のフッサールやフィンクの議論にはない特徴は、この中立化が対象の実在性のかっこ入れだけでなく、概念的な分節のかっこ入れをもたらし、(41)現実世界の持つ社会的で文化的な秩序をかっこに入れると考えていることである。イメージになった対象は単に実在しないだけでなく、もはや社会のなかで用途を持った対象ではない。文化的な意味は剝奪されて裸になり、「物自体」へと移行する。「ある」が物質性と呼ばれていたことを思い出しても良いだろう。具象を含めてあらゆる絵画は抽象絵画なのである。フッサール的な対象志向性の手前、そしてハイデガー的な世界の道具・行為ネットワークの手前で「物自体」を経験する可能性を芸術は与えてくれるのである。有意味な分節が失われた世界は「ある」の夜と似る。「芸術とは暗くなるという出来事そのものであり、夜の帳が落ちること、影が侵入することである」(42)のだ。

熱狂の断罪

芸術作品に巻き込まれている主体は、能動性を失う。レヴィナスは音楽がもたらす高揚感を芸術鑑賞の範例としている。

イメージは私たちのイニシアティブというよりも巻き込みを記す。本源的な受動性である。取り憑かれ、霊感を吹き込まれることで芸術家はミューズを聴くという。イメージは音楽的なのだ。(43)

音楽がもたらす胸の高揚、集団の一体感は主体の個別性を消し去り、音楽全体の流れのなかに溶け込ませる。合奏などで生まれる匿名的な一体感は対人関係の重要な側面であるが（木村敏『あいだ』）、レヴィナスはこれを非常に警戒する。

感覚は知覚の残余ではなく、固有の機能を持つ。イメージが私たちに及ぼす巻き込みである。これはリズムの機能である。(44)

このときに浮かび上がってくるのがリズムという要素である。主体を非人称性へと巻き込んで解体してしまう「ある」は、リズムへの巻き込みと重なる。レヴィナスはリズムを断罪する数少ない哲学者である。そもそもイメージをリズムとともに論じたのはベルクソンであり、リズムの効果を感情表現に求めた。たとえば彼は「詩人とは彼の心のなかで感情をイメージへ発展させ、イメージそのものをリズムに適した言葉へと生育させて、感情を読み取れるようにするひとのことだ」という。[45] ベルクソンは舞踊や建築の例を挙げながらこれを肯定するのだが、レヴィナスはまさに感情を動かすがゆえに批判するのである。

自分の意に反してというわけですらない、というのはリズムにおいてはもはや自己がないからだ。その代わりに自己から匿名性への移行がある。[46]

リズムは否応なく巻き込むempriseという力をその特徴としている。[47] 巻き込みは対象の文化的な分節をかっこに入れる。これをレヴィナスは「非対象」と呼んでいる。この巻き込みが〈存在への縛りつけ〉という一九三〇年代から一貫しているレヴィナスのモチーフへと連なっている。束縛と非人称性という二つのモチーフは、リズムにおいて合流するのだ。個体性が失われるこのような運動のことをレヴィナスは人類学者レヴィ゠ブリュールにならって融即と呼んでいる。[48] 音楽の興奮は祭りにおける集団の興奮と結びつけられ、断罪されるのである。

このとき「類似」という言葉が強い意味をもつ。イメージはモデルと似ているが、社会的な意味づけを失って恐ろしいものになる。[49]「類似」「影」「幽霊的」といった言葉は文化的な秩序の喪失を意味する。そもそも「幽霊」という言葉は『実存から実存者へ』のなかでは、「ある」の対人関係版である死体の「本質」として登場したのだった。類似・影・幽霊は「ある」の本質だ。

感じられるものとは、自分自身と似る限りでの存在のことだ。存在という勝ち誇った業《わざ》の外へと、感じられるものは影を投げかけ、暗く捉えがたい本質、真理のなかで啓示された本質と同一視することは許されない幽霊的な本質を取り出すのだ。〔…〕イメージにおける定立の中立化とは、まさにこの類似のことなのだ。(50)

時間の死としてのリズム

さて、ここまでの議論は本章1と本質的には変わらないが、リズムという側面を強調することで、「ある」が奇妙な魔力を持って誘惑するという点が、新しい。しかし芸術には、固有の仕方で「ある」の性格を示す機能がある。それは「ある」のもつ特殊な時間性格を明らかにすることである。

リズムを時間の本質として捉えたベルクソンやマルディネのような哲学者の発想とは異なって、リズムは時間ではなく「時間の停止」(51)である。あるいは「瞬間が止まりうる」(52)という「時間の間 entretemps, 間 intervalle」(53)である。これは「非人間的で怪物じみたなにか」(54)でもある。

イメージは偶像であると語ることとは、すべてのイメージが結局のところ可塑的なものであり、あらゆる芸術作品が結局のところ彫像、すなわち時間の停止あるいはむしろ自分自身への遅れであると認めることなのだ。〔…〕彫像の生あるいはむしろ死のなかで、瞬間は無限に持続する。ラオコーンは永遠に蛇に締め付けられ、ジョコンダは永遠に微笑み続けるであろう。〔…〕未来の切迫は、移ろうものであるという現在が持つ本質的な特徴を失った何らかの瞬間を前にして持続するのである。(55)

奇妙なことだが、レヴィナスは時間の停止と持続とを同一視する。瞬間が移ろうことがなくなったとき、瞬間が持続してしまうのである。それゆえここでの持続とは流れない時間のことである。通常リズムは時間と結びつけられて肯定的に扱われるが、レヴィナスの場合は流れない死んだ時間のあり方がリズムなのである。ベルクソンにおいてリズムから運動性を経由して持続へと関連づけられるのとは対照的である。

感性の自己差異化の運動は、同時に時間の停止、永遠への閉じ込めでもある。このような奇妙な〈時間＝非時間〉のことを初期のレヴィナスは「時間の間 entretemps」と呼ぶ。このような非時間から対人関係のなかでの真の時間を誕生させることは、無意味から意味への転換というライトモチーフの一変奏である。

レヴィナスのイメージ論はその後も受け継がれてゆくので、概観してみたい。レヴィナスの芸術論はある種の感性論へと連なる。「プルーストと他者」（一九四七年）と「言葉の超越――ミシェル・レリスの『ビフュール』をめぐって」（一九四九年）で同様の議論が展開された後に、十年ほど時間を空けてから論じ直している。『実存の発見』の第二部に収められた一九五九年からのフッサール論のなかで同じ問いが練り直されるのだ。そこでは対象を思念する志向性の手前で働く、感性の受動的総合固有の時空間構造がテーマとなっている。『実存の発見』第二部は当時の最高水準のフッサール論として検討する価値があるのだが、専門的な議論になるのでここでは省略して、[56]『存在の彼方へ』のなかで芸術に言及した箇所を引用するにとどめる。『存在の彼方へ』では、対人関係の「存在の彼方」と対比される「存在すること」の範例として芸術が登場する。感性が感性化し、分散しつつも受動的総合によってまとまってゆく様子をたとえば、「絵画においては赤が赤になり緑が緑になり、形が輪郭として成立し、形がない状態から退く[57]」と表現するのである。「ポール・ヴァレリーの『エウパリノス』においては建築 architecture が建築物 édifices に歌わせるのである。[58]」。これは対象の時間化であり、対人関係の時間化である隔時性 diachronie と対比させて、分解 diastase、位相差 déphasage と彼は呼ぶのだ。

> たとえばクセナキスの音楽、チェロ独奏のための『ノモス・アルファ』は、副詞の形で発せられることで音符の質を屈折させ、あらゆる本質が様態になり、弦と胴が響きのなかに逃げゆく。何が起こっているのであろうか。〔…〕砕け散る音響の底から、あるいはメロディーのなかに溶け込むことのない音符の行間で、魂が嘆いているのかあるいは歓喜しているのだろうか。それまでは音符は同一性をもって並ぶことで、きしみを黙らせアンサンブルの調和に貢献していたのだが。まやかしの擬人化あるいはアニミズムだ！　弦と胴が振動する響きのなかで、チェロはチェロであるのだ。たとえ響きが音符に堕し、異なる高さで高音から低音までその自然な位置で音階に並ぶという同一性に堕するとしても。チェロの存在することは——存在することの様態は——このように作品のなかで時間化する。[59]

レヴィナスの書斎の隣では、当時、前衛作曲家として活動を開始していた息子ミカエルが、アンサンブル・イティネレールの仲間たちとセッションをしていた。美しい表現でレヴィナスはクセナキスの実験的作品を描写している。しかしこれは対人関係がもつ真の時間と対比するための事物の時間の描写であり、公式的にはあくまで対人関係の時間に従属するものなのだ。

世界の誕生としての批評

一九四〇年代に戻ろう。非時間からの時間の誕生は、批評によって可能になる。芸術への没頭は批評的な精神によって克服される。非言語的イメージは批評において言語の水準へと移行する。批評において対人関係と言語が導入される。「現実とその影」から引用する。

> 批評は芸術家の非人間的な作品を人間世界に〔統合する〕。批評は作品の技術に言及することでもすでに芸術作品をその無責任さから引き離す。批評は芸術家を労働する人間として扱う。〔…〕哲学的解釈学は神話と現実 le réel を隔てる距離を測ることになったのであろう。そして創造の出来事そのものを意識することになるであろう。この出来事は認識を逃れる〔…〕、そのことによって神話は非真理でありかつ哲学的真理の源泉でもあるのだ。(60)

哲学的な解釈学は創造が可能にする。神による創造は世界を創る。世界とはテキストや作品を解釈する侃々諤々の議論によって絶えず秩序が作られ更新されてゆくような世界のことなのである。創造の瞬間そのものは絶対的過去にあるので認識することはできないが、しかしこの創造によって人間は言語的な存在としての被造物となっている。非言語的な興奮の水準から身を引き剝がし、言語による世界と時間秩序を導入するためには、絶対的過去からの創造という断絶が必要なのである。明示的には議論されることがないが、実はレヴィナスの哲学全体を貫く重要な前提である被造物性がここでは暗示されている。被造物であるとは、解釈と議論によって世界を意味の産出プロセスとして創ってゆく言語的存在になるということである。一神教的な創造とは言語と理性を創造することであり、芸術と解釈学の対比は、偶像崇拝と一神教の対比と重なる。

「ある」の廃墟からの世界の誕生がここでは「哲学的解釈学」と同一視される[61]。これは知性と対人関係の誕生として考えられており、さらに具体的には当時レヴィナスがシュシャーニについて学んでいたタルムード解釈学の影響が垣間見える。解釈の開始が世界の誕生であるとは、複数の人間のあいだで闘わされる議論によって世界が構成されるということであり、対人関係のなかでの時間経過が世界を構成するということである。そしてこのような言語と対話の運動としてそもそも世界を可能にしたのが絶対的な過去において起きたはずの創造なのである。

> 偶像崇拝の禁止は一神教の真に至高の戒律である。一神教は、運命を乗り越える教義であり、逆流する創造と啓示なのである[62]。

創造とは、「ある」という運命への束縛から時間を逆流させて世界を生み出す「逆流する創造」なのである。偶像崇拝の禁止とは、芸術への熱狂＝時間の不在＝「ある」からの切断の命令であり、その限りで「汝殺すなかれ」にさえも先立って世界の出発点を示すのである。それゆえに批判的精神の根本としての偶像崇拝の禁止は、時間の不在から時間を救いだし、イメージから実在を救い出すがゆえに至上の戒律となるのである。壊れた世界から秩序ある世界を創り直す力技なのだ。

ところで、作品概念は、一九六四年の「他者の痕跡」(『実存の発見』所収)以降、倫理を担う重要なモチーフとしてその価値を反転する。この点はのちほど第8章で議論して、レヴィナスの歴史哲学へとつなげることになる。

(1) IH, 143-144、『レヴィナス・コレクション』三百二十七頁。
(2) II, 91.
(3) 大阪大学大学院の卒業生の岡戸一世氏による、レヴィナスは独我論者ではないのかという指摘から大きな示唆を受けた。
(4) IH, 36-37、『レヴィナス・コレクション』百一百一頁。
(5) Ev, 70、『レヴィナス・コレクション』百四十八頁。
(6) Ev, 72-74、『レヴィナス・コレクション』百五十一百五十三頁。
(7) Ev, 75,『レヴィナス・コレクション』百五十四頁。
(8) EE, 127、『実存から実存者へ』百五十九頁。EE, 138、『実存から実存者へ』百七十一頁。
(9) EE, 111、『実存から実存者へ』百四十三頁。
(10) EE, 25、『実存から実存者へ』三十八頁。
(11) NP, 142、『固有名』百八十七頁。
(12) EE, 94、『実存から実存者へ』百二十三頁。
(13) EE, 95、『実存から実存者へ』百二十四頁。
(14) EE, 92、『実存から実存者へ』百二十一頁。
(15) 主体生成 hypostase は、もとは新プラトン主義やキリスト教神学で使われた概念。三位一体の父、子、聖霊という下位区分を指す。ハイデガーの脱自 extase が未来の行為を先取りする仕方で世界へと投げ出されることであるのに対し、主体生成はそのような世界への行為的投錨が可能になるための核の形成である。アリストテレスのヒュポケイメノン(実体=下におかれたもの)の能動化(下に立つこと)

であるともいえる。その意味では主体である。この言葉については坂口ふみ『〈個〉の誕生——キリスト教教理をつくった人びと』が詳しい。
(16) EE, 141、『実存から実存者へ』百七十五頁。
(17)『著作集』第一巻、72。
(18) EE, 100、『実存から実存者へ』百三十頁。
(19) 恐ろしいものであれ悼まれるものであれ、死者は説明できない仕方で私を触発し揺り動かす。理解不可能なもの、受容不可能なものによって動揺することが、死者を経験することなのだ。このようなショックは一九四〇年代の死体との恐ろしい出会いと一九七〇年代の死者を悼むことの議論に共通する出発点である。一九七五年の講義を引用してみよう。「他者の死との関係は死についての〈知〉でもありませんし、存在を消し去るというような仕方での死の経験でもありません〔…〕。〔…〕これは〈未知のもの〉のなかにある動揺であり、運動であり、心配です。〔…〕ここでは〈志向性のない情動性〉が問題になっています。」(DMT, 25-26)
(20) 西村(2001)、八十七頁。
(21) 西村(2001)、八十八頁。
(22) EE, 101、『実存から実存者へ』百三十一-百三十一頁。
(23) IH, 136、『レヴィナス・コレクション』三百十八頁。この点については郷原佳以(2011)の極めて精緻な分析を参照のこと。
(24) EE, 102、『実存から実存者へ』百三十二頁。
(25) IH, 138、『レヴィナス・コレクション』三百二十頁。
(26)『著作集』第一巻、69。
(27) TI, 295、『全体性と無限』下巻百八十一頁。
(28) TI, 288、『全体性と無限』下巻百七十一頁。
(29) TI, 289、『全体性と無限』下巻百七十四頁。
(30) TA, 55-56、『レヴィナス・コレクション』二百六十七頁。
(31) TA, 56、『レヴィナス・コレクション』二百六十七頁。
(32) 同右。
(33) TA, 63、『レヴィナス・コレクション』二百七十四-二百七十五頁。レヴィナスにおけるエロス概念がもつジェンダー論的な射程については、古怒田望人(2021)を参照。
(34) TI, 289、『全体性と無限』下巻百七十四頁。
(35) TI, 289、『全体性と無限』下巻百七十四頁。
(36) TI, 286、『全体性と無限』下巻百六十八頁。
(37) これはとりわけハイデガー的な共存在ではない。というのはハイデガーの場合、道具の使用が媒介となって顧慮が成立するのであり、社会文化的な分節が前提とされるからである。それゆえハイデガーではつねに歴史や民族の共同体が問題になる。本章の議論ではこのような要素は登場しない。
(38) EE, 85、『実存から実存者へ』百十四頁。
(39) IH, 135、『レヴィナス・コレクション』三百十六頁。
(40) IH, 127、『レヴィナス・コレクション』三百七頁。
　レヴィナスはフィンクのイメージ論を念頭に置いている。フィンクが範としたフッサールによれば、どのような絵画的イメージの把握においても、紙、イメージ、イメージの指示対象という三つの構成要素が区別される(「我々は三つの対象を持つ。1.物理的なイメージ、布や大理石その他のモノ、2.表象し模倣する対象、3.表象されあるいは模倣される対象。最後のものを像主題Bildsujet、最初のものを、物理的イメージ、二番目を表象するイメージあるいは像客体Bildobjektと呼ぶ。」(HuaXXIII, 19))。日常的にイメージ、あるいは絵と呼ばれるもので考えられている要素は、二番目の「色や所与の形態を通じてある種の仕方で現れる像客体としてのイメージ」(HuaXXIII, 19)である。以後、単にイメージあるいは絵画的イメージと言った場合には、この要素を指すこととする。イメージはイメージの支えとしての物理的な素材(紙、木、石など)と、イメージの外にあってイメージによって指示される対象すなわち一般にモデルと言われているもの(像主題とフッサールは名づけた)とのあいだにある。つまりバラの絵は、キャンバスや絵の具と、モデルとなった現実のバラのはざまに浮かび上がるといえる。赤い絵の具はバラのイメージそのものではなく、バラのイメージを浮き上がらせる素材にすぎない。さらに、バラのイメージは実物のバラではなく、現実のバラを表象する何かであり、イメージは現実のバラに似ていて表象するものとして現実のバラへと送り返されるにすぎない(ibid., 20)。イメージ自身は常に画面の外にある対象の代わりのもの、フィクションである。イメージはそれゆえ、物体の世界(絵の具と現実のバラが属している世界)のなかにはない。
(41) IH, 127、『レヴィナス・コレクション』三百七頁。IH, 129、『レヴィナス・コレクション』三百十頁。
(42) IH, 126、『レヴィナス・コレクション』三百六頁。
(43) IH, 127-128、『レヴィナス・コレクション』三百七－三百八頁。
(44) IH, 130、『レヴィナス・コレクション』三百十一頁。
（45）ベルクソン『時間と自由』二十七－二十八頁。
（46）IH, 128、『レヴィナス・コレクション』三百八－三百九頁。
（47）同前。
（48）同前。
（49）郷原佳以は類似において幽霊のようになるという思想がブランショとレヴィナスの交流の成果であることを克明に示した（郷原 2011）。
（50）IH, 136、『レヴィナス・コレクション』三百十八頁。
（51）IH, 138、『レヴィナス・コレクション』三百十九頁。
（52）IH, 142、『レヴィナス・コレクション』三百二十六頁。
（53）IH, 143、『レヴィナス・コレクション』三百二十七頁。
（54）同前。
（55）IH, 138、『レヴィナス・コレクション』三百二十－三百二十一頁。
（56）Murakami (2008), 25-42.
（57）AE, 70、『存在の彼方へ』百六頁。
（58）同前。
（59）AE, 71、『存在の彼方へ』百七頁。
（60）IH, 146-147、『レヴィナス・コレクション』三百三十頁。
（61）IH, 148、『レヴィナス・コレクション』三百三十一頁。
（62）IH, 143-144、『レヴィナス・コレクション』三百二十七頁。第3章冒頭に既出。傍点引用者。

第4章 暴力批判論——第一の主著『全体性と無限』

1 『全体性と無限』の骨組み

全体性

本章では第一の主著『全体性と無限』(一九六一年)の複雑な構成をときほぐして見通しをよくするとともに、どのような成り立ちをもつのかを明らかにする。顔や倫理といったモチーフがどのように導入されたのかがわかるだろう。

『全体性と無限』は難解であるが議論の大枠は単純である。絶えず回帰する暴力から逃れて、なんとか主体を確保しようとするジグザグの歩みである。タイトルに含まれる「全体性」とは、主体の個体性を呑み込んでしまう非人称化の暴力のことである。主体は個体化したと思ったら、またすぐに次の暴力に呑み込まれる。そしてまた別の個体化の方法で暴力から逃れる。このようなジグザグだ。暴力からの逃走は「分離」と呼ばれる。(1) レヴィナスは全体性の暴力に抗して外部性を確保する力として、タイトルにも含まれる「無限」という概念を設定する。外部において主体が確保されるのである。分離によって暴力的な全体性を逃れる外部を確保することが主題であり、それゆえに副題は「外部性についての試論」なのだ。全体化と分離との二つの系列のあいだでジグザグ運動をするのである。『全体性と無限』には雑多なモチーフが登場し、しかもヘーゲル、ハイデガー、ローゼンツヴァイク、デカルト、プラトンといった多くの哲学者への言及があるため、細かいモチーフを追っていくとかえってわかりにくくなる。細部にも大きな意味があるのだが、思い切って単純化して骨組みだけ浮き彫りにしたい。

もしも序文が書物全体の計画を示す場であるとするならば、『全体性と無限』の序文はこの本を戦争論として提示していることになる。冒頭で「戦争状態は道徳を宙吊りにする」[2]と語られるのだが、具体的な描写なしに極めて抽象的な議論が続く。序文の限りでは、戦争は「全体性」とレヴィナスが呼ぶ非人称的で固定したシステムへと閉じ込める暴力の凡例であるようだ[3]。本書全体を通して読んだときには、必ずしも戦争論とは呼びにくいが、少なくとも暴力批判論として一貫しているとはいえる。しかも国家や歴史が私に対して及ぼす暴力と、私が他者に対して侵してしまう暴力との両方をレヴィナスは批判しようとするのである。

全体性とは人間の個別性を破壊してしまう非人称的な力である。全体性においては個別と外部が無くなる[4]。つまり人間は国家や歴史記述に飲み込まれて主体性を失う。レヴィナス自身はこの概念で、国家と歴史を通した理性の実現を主張したヘーゲル、非人称的な存在の明るみへの存在者の従属を主張したハイデガー、コナトゥス概念におけるスピノザを強く批判する。彼はこれらの哲学と、戦争の暴力と歴史と国家による人間の個体性の抹消とを同じ水準で扱うのである（これらの哲学者に対するレヴィナスの批判があたっているかどうかは、疑義もある）。

三つの外部性

さて序文からは、レヴィナスが「外部性」として重視したものが三つあることがわかる。主体の個別性、他者、終末論である。

一つ目は〈私自身の個別性〉である。歴史による審判、つまりいつか歴史が成就したときに個人は歴史全体のパーツとして意味を持つという思想をレヴィナスは批判する。今この瞬間に、そのつど私の行為は生きたまま（全体のパーツとなることなしに）自分自身で意味を持つ。あるいは彼は、国家のシステムに対して主体の個別性を守ろうとする。このとき倫理こそが主体に意味を与え、全体性に対抗する個別性の確保を可能にする鍵となる。歴史の裁きにおいては個人は全体の一部分に還元されるが、倫理においては神の裁きのもとで他者に対する責任として主体化することで私の個別性が高揚するからだ。

レヴィナスの哲学は「意味とは何か」「いかにして意味を確保するのか」という問いに貫かれている。「意味」といっても単語の意味内容のことではない。価値に近い意味での「意味」をレヴィナスは問い続けているが、その到達点が他者の切迫のなかで生じる私の個別性なのである（「つまり、記号による媒介が意味作用を構成するのではなく、逆に意味作用（その根源的出来事が対面である）が記号の機能を可能にするのである」(5)）。

さて二つ目の外部性は他者の外部性である。これが顔という形で顕現し、さらに他者の顔が無限の観念と結びつけられる。有限でしかない人間の思考能力を超える〈無限〉というものを、にもかかわらず人間は思考できる。思考は不断に、思考を超える外部へと開かれている。思考をはみ出る外部性が、他者の外部性である。無限の観念はデカルトの『省察』に由来するものであり、そこでは神と同一視されるのであるが、[6]『全体性と無限』ではこれが他者と同一視されることになる（第5章で見るとおり、のちの『存在の彼方へ』においては他者と無限は区別される）。

三つ目の外部性は終末論という歴史の外部である。『全体性と無限』では終末論 eschatologie と歴史の終わりに救世主が到来するというメシアニズム messianisme 思想がほぼ同一視される（他のテキストでは区別されることがある）。終末論は私の個別性と他者の外部性を最後に保証してくれるものとして歴史的時間の彼方に仮定される審級であるが、仮定されるだけで『全体性と無限』では細かく論じられることがない（このことは重要な意味を持つ。第7章1でメシアニズム批判の文脈で議論する）。

退けるべきは、私の個別性を抹消する戦争と歴史と政治の暴力と、私自身が他者に及ぼす暴力である。私の暴力を制するのが、私を凌駕する他者あるいは無限である。こうして生じる他者への倫理的な関係は同時に、歴史と国家の暴力に対抗する自己弁護となる。言い換えると倫理というものが要請されるのは、一方ではそれが他者の外部性を確保するからであり、他方では私の個別性をも守るとともに、さらに私が他者に対して及ぼす暴力を遠ざけるからである。他者を平和的に迎接するという仕方で自己性を保つこと、他者が私を裁く（判断する juger）ことで私と他者の個別性を確保すること、これが『全体性と無限』における倫理となる。

顔

レヴィナスは対人関係のことを「顔の迎接」と呼ぶ。顔とは何か。後年の対談である『倫理と無限』から引用する。

顔との関係はなるほど、知覚に支配されるかもしれませんが、顔に特有なものは知覚には還元されえないものです(7)。

顔と言説は結びついています。顔が語りかけるのです。顔こそがあらゆる言説を可能にし、開始させるという意味で、顔が語るのです。私は先程、他の人 autrui との真の関係を叙述するために、視覚（ヴィジョン）という観念を退けましたが、言説こそが、もっと正確に言うと応答 réponse、あるいは責任 responsabilité こそが、こうした真の関係なのです(8)。

『全体性と無限』を代表する概念は「顔」である。他者が私へと関わるときの独特の仕方のことを顔と呼ぶことで、レヴィナスはことさらに事物の認識と対人関係との違いを強調する。顔とは目に見える表情というよりも、むしろ声が私に呼びかけることである。あるいは顔という出来事を通して初めて生じるのが他者であり、対人関係であるといったほうが正しい。顔は二人のあいだの対人関係に先立つ。顔という出来事が具体化したときに初めて、他者という項や対人関係という二項関係に固定されるからだ。

顔は知覚される対象ではない。そうではなく呼びかけられるという経験であり、呼びかけられることで応答してしまうという傾向性のことである。ブーバーの〈私と君〉という二項関係の形式化を批判するということからしても、まずもって私と他者という二項があるのではなく、この呼びかけと応答の運動を通して、他者と私という極が事後的に生じるとレヴィナスは考えているのではないかと思われる。

全体性の暴力から逃れる外への希求のことをレヴィナスは「他者への欲望」と呼び、この逃走の運動のことを「分離」と呼ぶ。そして分離は言語において成就する。言語とは私から他者への贈与であり、他者から私への教えである。この言語による呼びかけが「顔」として生起する。大ざっぱにはこれで話が尽きる。

私の内なる〈他〉の観念をはみ出しつつ〈他者〉が現前する仕方、この仕方を顔と呼ぶ(9)。

対象の知覚という事物との関係とは根本的に異なる水準で対人関係は生じる。この区別は、後期に対人関係に対して〈存在の彼方〉という位置づけが与えられることでさらに強調されることになるので、この点ではレヴィナスの歩みは連続的である。『全体性と無限』と『存在の彼方へ』は、他者との出会いを事物の認識から峻別する点では共通する。後期には存在に対する〈存在の彼方〉という存在論的にラディカルな次元を導入したのに対し、『全体性と無限』ではまだ事物も他者も同じ「存在」という領域のなかで現出すると考えられている点が異なる。

言語としての顔

ともあれ顔は独特の現れ方をする。この固有の現れ方は裸 nudité、顕現 épiphanie あるいは対面 face-à-face と名づけられる。こちらに向かってくる(10)というベクトルの直行性が読み取れる。事物は（通常は）私に呼びかけてくることはない。こちらに向かってくる、あるいは呼びかけてくる、という性格は顔の大きな特徴である。

こちらに向かってくるという性格は上述のように制度としての言語を超える射程を持つのであるが、『全体性と無限』では後期思想とは異なり、言語使用と密接な関係を持つものとして論じられる。顔は自ら表現し、呼びかけてくる。

顔は活き活きとした現前である。表現の生命は形を壊すことにある。形においては主題として身を晒すことで存在者は自らを隠してしまうのである。顔は語る。顔の顕現はすでにして言説である。[11]

このように『全体性と無限』において顔との関係は具体的な言語使用が想定されている。しかし形を認識して主題とする概念ではなく、相手に向けて語りかけて自己表出する運動に焦点があたる。

レヴィナスは言語使用のなかでもいくつかの性格を特権化する。まず、他者は裸の貧者として私に懇願する。次に、他者は高みから教師として私に教える。両者ともに私を超える外部をもたらす。他者と私との関係は高みから呼びかけられるという直行的な下降運動でイメージされている。〈上から降りてくる〉という他者論の空間性格は後期になって大きく変化するので指摘しておいてよいであろう。

『全体性と無限』では貧者の懇願も教師の教えもともに私に倫理を要請するものとして描かれるのであるが、実は貧者のモチーフはすでに『実存から実存者へ』（一九四七年）のなかで登場する。[12] 教えの概念も次節で見るように初出時には倫理とは結びつけられていない。『全体性と無限』の様々なモチーフはばらばらに練り上げられて、あとから最後に登場した倫理を中心として一つのシステムへと統合されたのである。

顔と言語との関係に関連してもう一つの特徴がある。『全体性と無限』での顔は経済や理性と結びつけられる。[13] この点も非常に紛らわしい点である。たとえば経済的関係はまさに事物の所有の延長線上にあるから、顔との関係と対立させられるものでもあるからだ。ところが倫理は具体的な贈与と切り離すことができないがために、経済は分離のための重要な要素でもある。そして理性は認識と結びつくがゆえに全体性でもある。理性は西欧哲学の伝統では事物の認識の源であり、ヘーゲルのような全体化する単一の機能と考えられることが多い。そのようなものをレヴィナスは強く批判する。これに対してレヴィナスが肯定する理性とは、意見の対立する師弟が、お互いの人格を尊重しつつも妥協することなく議論を続けるという、平和的な人格の複数性と議論の多様性のことである。経済と理性が、全体性の暴力と人格の擁護との双方にかかることも、『全体性と無限』の記述のなかにあるあいまいさだ。[14]

欲望としての顔

私から他者の顔への関係は欲望として描かれる。

〈欲望〉によって測られた逸脱は顔である。しかしそこで再び〈欲望〉と欲求との区別に行き当たる。顔は〈欲望をそそるもの〉が活性化する熱望であり、欲望の「対象」から生まれる。欲望は啓示である。これに対し欲求は魂の空虚であって主体から出発する。[15]

欲望もまた事物との関係との対比で登場する。人は事物を欲求する。お腹がいっぱいになればもうご飯はいらない。つまり欲求されたものが所有され満たされれば欲求は消滅する。これに対し、他者に対する欲望は汲み尽くされることがない。誰かを望めば望むほど欲望は亢進するのである。このような欲望が、汲み尽くすことのできない他者の他者性の本性である。「ある」の他者性と顔の他者性は区別される。前者は忌み嫌うべき得体のしれないものであり、欲望される他者の顔とは区別される（しかし後期に再び合流する）。

『全体性と無限』において顔は言語的関係であるが、しかし認識のことではない。認識を逃れる仕方で顔は到来する。顔は事物ではない。形でもなければ内容でもないし、[16]所有することもできない。[17]このような「世界の彼方」[18]にあるという性格は、すでに第5章で論じる後期の「痕跡」あるいは「存在の彼方」という発想を予感している。[19]この点では『全体性と無限』と『存在の彼方へ』は連続している。

殺人の生産物としての死体

それゆえに死体は『全体性と無限』では顔の否定形として登場する。

死んだ顔は形、デスマスクになり、見られる laisser voir 代わりに見えるもの se montrer になる。しかしまさにそれゆえにこそもはや顔としては現出しない。[20]

『全体性と無限』のレヴィナスは（初期の死体や幽霊に替えて）殺人について語る。その部分を、第3章での死体に関する議論と関係づけるために少し斜に構えて読んでみたい。

殺人だけが全面的な否定を主張できる。労働と使用の否定は、表象の否定と同様に、把握あるいは了解を実行する。否定は肯定に立脚している。あるいは肯定を思念し証明する。殺すことは支配することではなく消し去ることであり、了解を絶対的に手放すことである。殺人は力を逃れるものに対してある種の力を行使する。これもまた力である。というのは顔は感性的なもののなかで自己表現するからである。私は、絶対に独立した存在者だけ殺すことを望むことができる。私の諸力を無限に凌駕する者、それによって力に対立するのではなく、力の力それ自体を麻痺させるものをである。他者とは私が殺したいと望むことができるただ一つの存在である[21]。

殺人は事物ではなく人を殺す。だから他者の可能性を前提とする。しかし他者を支配しようとして殺した途端に、他者は事物（死体）となってしまう（ヘーゲルの『精神現象学』とそこでの主と奴の弁証法を重視したコジェーヴによるヘーゲル講義の影響が窺える）。他者を事物のように支配して経済のネットワークに取り込もうとする試みは、使い道のない死体を生み出すだけで不可避的に失敗する。殺人とは死体の生産でもある。他者を支配しようとする欲望の発露としての殺人は、支配の代わりに死体を産出してしまう。つまり経済の世界が行き詰まる地点を示している

（引用に先立つ部分は経済について論じられている）。

死体は対人関係の失敗であるが、経済のなかに位置づけることもできない。このことは対人関係を経済関係へと還元することの不可能性を示している。

殺人が経済世界の失敗であるなら、殺人の生産物としての死体は世界の経済的なネットワークから除外される。死体は死体そのままではいかなる有用性も経済のなかではもちえない。『全体性と無限』は私たちの経済に支配された世界における死体の特異な位置を示している。非人間的なものとしての死体は、いかなる意味でも人間の世界に位置を持たないのである。

無限

さて、顔概念のまとめの最後に無限の観念に触れたい。他者は私が他者について持つ観念を常に凌駕する。このような過剰を『全体性と無限』は無限の観念と呼ぶ。『全体性と無限』のタイトルに無限という言葉が含まれることからわかる通り、無限はこの本の最重要概念である。全体性の暴力に対抗して分離を可能にするのは無限の力による。無限は神と結びつけられるのだが[22]、その一方で、無限は他者の顔とほとんど同一視されもする。無限は顔として現出している者の「本性」のようなものだ。

この無限は殺人よりも強く、その顔においてすでに私たちに抵抗しており、その顔そのものであり、根源的な表現であり、「汝殺すなかれ」という最初の言葉でもある[23]。

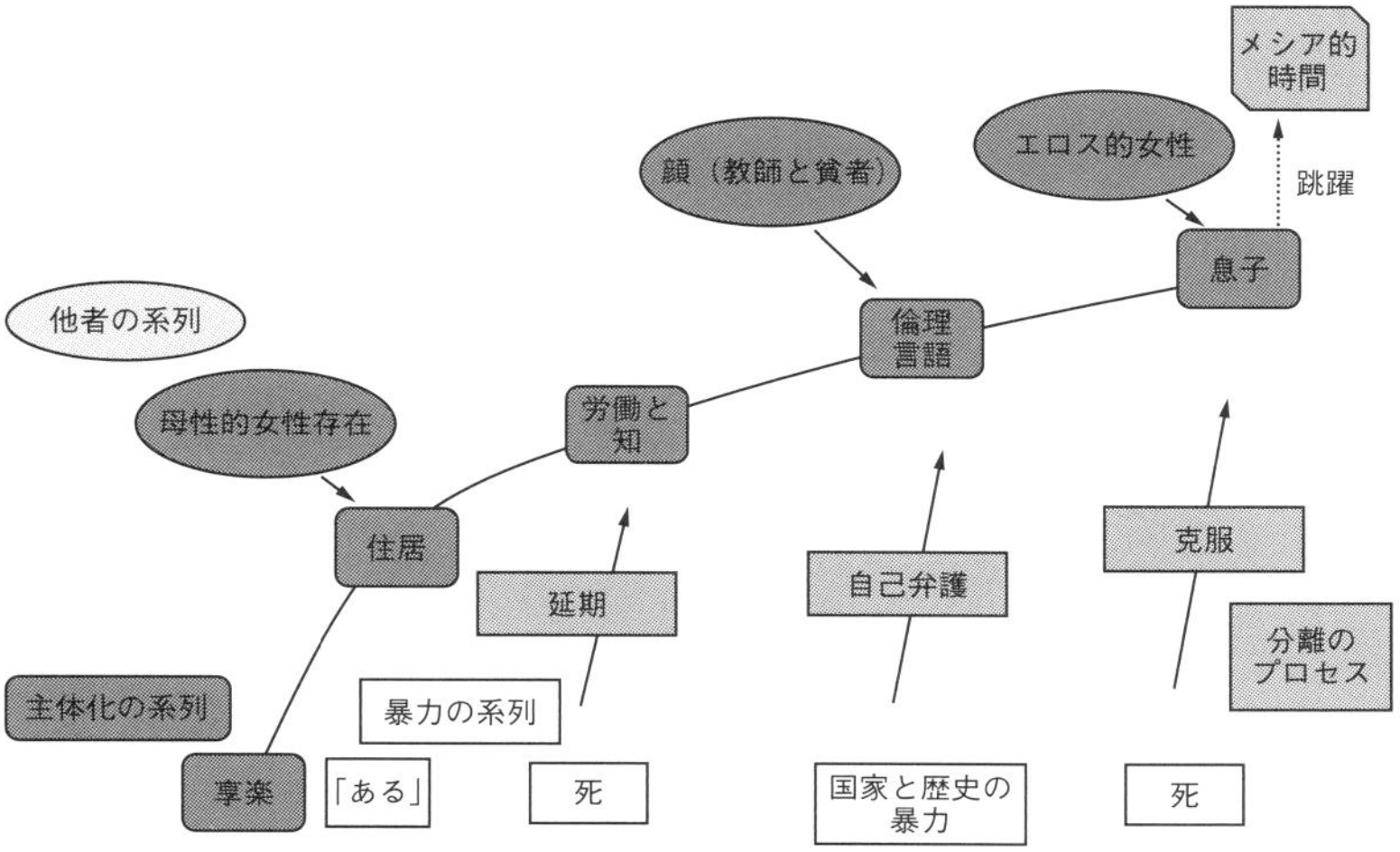

『全体性と無限』の見取図

認識を超える顔の異他性こそが無限であると考えられている。汲みつくしえない他者への欲望の源泉とは無限のことだ。人間の有限の思考能力を超える無限がそれでもなお思考されるという驚異を語るデカルトの「無限の観念」も、レヴィナスにおいては他者の顔との関係として語られる（「認識によってもたらされる神の観念の顔として接近される〈高貴なもの〉への変容」）[24]。この点は、後期における無限とは大きく異なる点であり、あとで後期の対人関係の仕組みを説明する上で鍵となる。

分離のプロセス

『全体性と無限』は非人称的な全体性からのジグザグに進む主体の分離のプロセスを描いた。主体の分離は享楽、住居、労働、言語、息子、メシア的時間というステップをたどる。そしてそのつど主体は変質していく。実は直接に倫理が関わるのは三つ目の言語の段階のみである。そして主体化を脅かす全体性とは、「ある」、死、歴史、戦争といった相貌をとる。

まず経験の最低次の主体化は、ごはんや睡眠の楽しみといった糧の享楽がしめす初元的な個体化である。このはかない快楽が消失したときには、非人称的な「ある」へと主体は溶けてなくなる。享楽とは、「ある」に脅かされたはかない個体化である。これは第3章で記述した初期の主体生成 hypostase と同じものを指している。

享楽と「ある」（快と不快）から距離を取ることで安定した主体を確保するのが、住居の段階である。住居に住まうとは世界との直接的な接触から距離を取ることで、安全な場所と恒常性を確保することである（第6章2で細かく論じる）。

住居によって、世界は前文化的な糧から、文化・社会制度の段階に移行する。住居を得た主体は労働をする。労働によって世界はてなずけられ所有される。経済的な運動として世界は登場する。労働は死という新たな暴力を延期する行為である。死は個別性を抹消するわけだから全体性の暴力の一つである。

しかし労働は自我による暴力でもある。私が事物や土地を所有することは、他の人からの簒奪でもあるため、今度は自我の側が全体化する暴力として機能してしまうのである。この自我の暴力を乗り越える機縁として、他者の顔の迎接という倫理的な関係が導入される。あるいは所有に対する抗議として他者は登場する。他者の登場によって私は自分自身が暴力であったことに気づくのだ。ここで世界が言語的に分節され贈与されうるものになる。

主体がもう一つ戦わなくてはいけないのは、歴史の暴力である（第8章1）。歴史は勝利者による死者の抹消と改ざんであり、それゆえに歴史の裁きに対抗して、現在において倫理的な存在として生きたまま神と正義の審判を受けることをレヴィナスは求める。神(正義)の裁きのもとでは主体は消えることなく、逆に真に主体化する。これが弁明である。主体は倫理的存在として自己弁護する。歴史と国家という全体性の非人称性に対抗して倫理的な主体として自ずと意味を獲得し、個別者の分離を確保する。

しかしたとえ倫理的であったとしても人は死ぬ。個体であるかぎりにおいて死の暴力に抗うことはできない。レヴィナスはそのために、個人の倫理を超える審級を想定する。これがエロスと繁殖性である。繁殖性によって、私の可能性が、息子の可能性へと更新されることで、死の暴力を超えて個体性が確保できるとレヴィナスは考えたのである。

このように、ジグザグなプロセスで、主体の個別性は守られてゆく。ところが彼はこれですべての暴力を退けられるとは考えなかった。レヴィナスは念のために策を講じる。あらゆる暴力を超えて人間の個体性を確保しうる段階、悪から決定的に守られた段階として、メシアの時間というユートピア的な理想を設定して『全体性と無限』は閉じられる(『全体性と無限』ではそれが具体的にどのようなものなのかは描かれないが、メシア的時間を具体的に記述しようとした「メシア的テキスト」を第7章1で論じる)。

2――『全体性と無限』の成立過程

コレージュ・フィロゾフィックでの講演(一九四七－一九五九年)

前節では『全体性と無限』の骨組みを明らかにした。レヴィナス自身はシステムという言葉を嫌ったかもしれないが、実質的にはいくつかのモチーフがジグザグの進行をしつつ最後にメシア的時間で完結するシステムを形成していた。一見すると、レヴィナスが一貫したヴィジョンのもとに構想したかのような印象を与える。ところが二〇一一年に出版された『著作集』第二巻で一九四七年から一九五九年までのコレージュ・フィロゾフィックでの講演原稿が公刊されたことによって、実際にはレヴィナスは様々なモチーフをばらばらに練り上げていったことがわかってきた。しかも『全体性と無限』を特徴づける倫理的な主張が実は多くのモチーフのなかでも最後にあたる一九五一年に登場したものであり、思考の出発点というよりは試行錯誤の結果到達した終着点であることがわかってきたのである。しかもモチーフが出揃ったあとで『全体性と無限』が完成するまでにさらに十年かかっている。

『全体性と無限』の準備草稿がまだ出版されていない現在の状況では完全ではないが、ある程度の見取り図を描いてみたい。この見取り図にはもう一つの解決不可能な限界がある。というのは『著作集』第二巻に収められた講演原稿の多くはかなりあとになってからレヴィナス自身によって書き直されたものなのである（後年の日付がついた裏紙に書かれている）。そのため終戦直後の講演で話されたことなのか、それとも後年の成熟したレヴィナスの思想が混じっているのかについては今のところ判断のしようがない。以下の議論では、講演の時点で語られた内容がそのまま清書されたものと考えて議論を進める。

レヴィナスの動機——ハイデガー批判

収容所時代からレヴィナスを動機づけているモチーフははっきりしている。一つはハイデガー批判であり、もう一つは「社会的なもの le social」の哲学を構想することである。「社会的なもの」あるいは「社会性 la socialité」は地味な言葉だが、捕虜時代の手記から晩年に至るまで頻出する。彼は自分の複雑な他者論を社会性という総称でまとめようとしたようである。

ハイデガー批判はいくつかの側面を持つ。相互に重なり合うが全体性批判、主知主義批判、光の批判の三つに便宜上区別することができる。全体性批判と主知主義批判は今までの議論からも明らかだ。

『全体性と無限』のタイトルにも入っている全体性という概念は一九四八年の講演「言葉と沈黙」のなかで「〈存在〉の本質、それは明滅 phosphorescence」であると述べられたあとでヘーゲルの名前とともに登場する。[25] そしてハイデガーを論じながら「(光と切り離し難い)了解」と述べているところから、これがハイデガー批判の文脈のなかにあることがわかる。[26] [27]

この論文では全体化する光(=認識)に対抗する要素として音が導入され、それがすぐあとで取り上げる教えの概念に結びつけられるのである。「存在論は根本的か」(一九五一年)のなかでもハイデガーが光のモチーフと結びつけて批判され、[28]「それゆえ顔のヴィジョンはもはやヴィジョンではなく、聴取であり発話である〔…〕」と言われることになる。[29] つまり顔は初めから視覚よりも聴覚との結びつきが強い。全体化する光に対して外部をもたらす声というアイデアと、教えの外部性が連動し、顔の概念へと結晶化してゆく。

エロスから繁殖性にいたる系列

社会的なものの起源としてのセクシュアリティ。性的なものの「親密さ」があるからこそ、

「個人の総和」を超える社会的なものの現象がある。(30)

全体性に対抗して社会的なものを確保しようとするレヴィナスの思考の一番初めの試みはエロス論である。これが戦争中の収容所で構想されたものであることは第3章3でみた。戦後の講演のなかでエロスは、息子、(31)父親、(32)さらには兄弟たち(33)へとつながってゆく。つまりエロスを軸としてさらに広い対人関係へと拡げられてゆく。この展開は一九四八年から一九五〇年まで、つまり一九五一年に倫理が導入されるのに先立って練り上げられている。

面白いことにこの時期の兄弟の水準は（カインとアベルからの連想からか）殺人である。(34)少なくとも「教え」講演（一九五〇年）での兄弟性 fraternité はフランス語で一般に「博愛 fraternité」を意味するような倫理と結びついた平和的関係とは考えられていない。『全体性と無限』以降、兄弟は平和な社会性の水準に置かれるのだが、講演ではホッブズ的な抗争あるいはヘーゲルの主と奴の弁証法の水準なのである。そして殺人は『全体性と無限』のモチーフの一つでもある（顔は殺人をそそのかすとともに殺人を禁止する）。「教え」講演でのレヴィナスは、教えによって兄弟の相克を乗り越え平和的な社会を見出そうと模索する。エロスから父子へ、次に兄弟へと進んで人間の複数性・多数性を基礎づけた後に、教えの概念によって抹消不可能で平和的な複数性を保証するのだ。つまり社会的なものが二者関係から出発してさらに複雑化してゆく。

教えから顔にいたる系列――選びと創造

一九四八年の「言葉と沈黙」講演と一九四八年のミシェル・レリス論で教えのモチーフが導

入される[35]。教えは全体化する光に対置される外部を告げる声であり、かつ前言語的なエロス的関係に対置される言語的な対人関係である[36]。つまり全体性批判でありかつ今までの武器であったエロス論をも乗り越える装置として教えは登場する（「教える apprendre」はハイデガーの「了解する comprendre」と対比させられる[37]）。このモチーフは同じ年に発表された芸術論「現実とその影」のなかで解釈学が芸術作品の非人称性を乗り越える装置として導入されたことと対応している（第3章4）。第1章で述べたとおりこの時期はシュシャーニに師事してタルムード解釈学の学習に精力的に取り組んでいた時期であり、教えと解釈学は彼のなかで切り離せないものとなっている。

レヴィナスにおいて教えと師匠はとても大事なモチーフであるが、師匠とは崇拝する対象ではない。弟子は全力で新たな思考をぶつけて師匠に対して論争を挑まなくてはいけない[38]。人格と思考の多様性こそが重要なのだ。師匠を偶像のように崇め奉ることはレヴィナスの思考を決定的に裏切ることになる。

> 教えること（学ぶこと）は何らかの思考の伝達ではない（伝達になってしまうと発話に対して思考が前もって現実存在することになってしまい、それゆえ否応なく予定調和に戻ってしまうことになる）。教えること（学ぶこと）は最初の関係である。他の理性（的他者）の前に立つこと、形而上学的に現実存在することである。それゆえ思考は言語に先行するわけではなく、言語によってしか可能でない。つまり教えと他者を師として認めることによってしか可能でない[39]。

ここでの理性とは全体化する暴力ではなく、他の人が持つ理性的思考である。つまり別の意見を持った者同士が論理的に議論を闘わせる論争の複数性のことである。レヴィナスの議論では理性には常にこの二つの側面がある。まさに「教え」と題された一九五〇年の講演ではこの教えのモチーフが創造と選びに結びつけられている。(40) 選びの概念はいわゆる選民思想として誤解を招いてきたユダヤ教のモチーフであるが、後年のレヴィナスは他者に対して負っている責任への選びとして、倫理的な存在としての人間を創設する機能とみなす。しかし初めて選び概念が登場するのは倫理が登場するよりも前なのである。

> 創造の出来事は自由に先立つ。「先立つ」という言葉はここでは非常に強い意味で取らないといけない。それはある絶対的過去、まさに思い出も、回想も、引受も、ハイデガー的な過去における反復も持たない過去である。このような私の選びと創造の絶対的過去が私に与えられたこの仕方を、私は教えと呼ぶ。(41)

> 創造の行為は実のところ被造物によって引き受けられることはない。しかし被造物はこの行為を学ぶことができる。教えを学ぶことはそれゆえ超越的な関係である。それゆえにこそ教えること（学ぶこと）は一回で全て与えられるような開示や、観念のヴィジョン、永遠の啓示などではないのだ。〔…〕教えは引き受けることができないから、把握に抵抗するから、教えは発話あるいは過去との対話である。(42)

レヴィナスにおいて教えと創造と選びは密接に連関している。選びと創造は自我の能動性に構造上先立つ。この構造上の先行性ゆえに自我の思考では届かない絶対的な過去に位置する。教えは、〈創造と選び〉という条件があらかじめ自我を規定しているということを教える。つまり教えとは認識によって全体化できない外部が与えられる仕方、所与とは成りえない自らの条件が与えられる仕方である。思い出すことができない絶対的な過去において神によって選ばれ創造された被造物であるということと、教えという出来事とは連続する。そしてこの創造ゆえに人間は言語的存在となっている。逆に言うと、言語を使っているという時点ですでに、神によって選ばれ創造されたということをすでに教えられているということでもある。一九五七年に発表された「成年者の宗教」によれば、「神は文明化する力[43]」なのである。

第8章で後期の歴史哲学を議論するときにこのような創造と選びと教え（解釈学）との関係が一九八〇年代まで維持されていることを確認することになる。後期のユダヤ教論のなかにこのテキストが入っていたとしても全く違和感はない。

そして選びと創造が並んで登場することに注目したい。レヴィナスにおいて創造とは天地の創造ではなく、対人関係の構造化なのである。

顔の概念は教えの思想の延長線上で登場する。顔は、解釈学における教えに由来するため、発話とともに書物と結びつけられる（そして第3章4で見たとおり「現実とその影」で芸術作品の魔術から救うものとして批評と解釈が導入されたことを引き受けて、書かれたものが芸術作品と対比されている）。一九五二年の講演である「〈書かれたもの〉と〈口頭のもの〉」がこれを論じている。

書かれたものは一つ以上の意味を持つ。書かれたものは私に語りかける、すなわち世界を包摂する。それはシステムの一部をなすだけではなく、システムの外部でもある。〔…〕この意味において書かれたものは、私に対して私が体験したことが決して無い過去、私の記憶の私秘的な領域に場所を持つことがない過去を開く。絶対的過去。(44)

一九四八年に創造と選びが位置づけられた絶対的な過去は今度は書かれたもの Écriture（＝聖書という絶対的過去）と結びつけられる。おそらく両者は両立する。個別者として選ばれるということは、「一つ以上の意味」を書かれたものから汲みだす創造性をもつことだからだ。

この思考それ自体の現前はあらゆる相対性の外にあり、これは師の発話のなかの現前である。というのは師が語るとき、思考は顔を持つからだ。

たしかに発話を聴く〔理解する〕とは、問いを立てることができるということでもある。しかしこの単なる経験的な確認は、発話が顕現するためのある仕方を前提としている。この仕方を私は顔と呼ぶ(45)。

私の思考そのものが、私の能力ではなく他者によって与えられる。師の教えを聴くという行為のなかで私の思考は実現する。相手に問いを立てることを可能にする他者からの呼びかけ・教え、これをレヴィナスは「顔」と呼んだのである。顔とは、呼びかけられ、問いを立てるという出来事のことである。

以上の議論からも顔が教えの延長線上で出現したことがわかる。それゆえに顔は視覚とではなくむしろ聴覚と言葉と結びついているのである。テキストを注釈する師匠の声が私を貫くこと、私を創り選ぶ外部の何か（神）があるということを教えること、これが顔の顕現のモデルなのである。顔は呼び立てる声であり（すでにある私を呼び立てるというよりは、おそらく呼び立てられることで初めて私というものが成立する）、この声は書かれた文字を注釈する。そして倫理と言われるものはこの延長線上で登場している。

「成年者の宗教」（一九五七年）では教えと創造の関係について議論を展開したあとに、それを可能にするものとして「倫理」が登場する。[46]というのは教えにおいて実現する「神を見ること（神のヴィジョン）」が倫理だからである。

享楽と住居

『全体性と無限』のモチーフのもう一つの系列は倫理にたよらずにハイデガーの了解概念を脱臼しようとする方向である。とりわけ動物的な享楽と「ある」の水準からの距離を作り出して、言語と社会性を可能にするのが住居である。[47]『全体性と無限』でも繰り返されることになるこの議論は一九五〇年の「糧」講演で登場する。すなわちこれもまた倫理以前に登場したことになる。[48]

倫理の導入

レヴィナスにおいてはっきりとした形で倫理が主題となるのは一九五一年の「存在論は根本

的か」という論文においてである。それ以後、一九五〇年代のレヴィナスが当時雑誌で発表していたのは（少数の現象学についての論文を除くと）、『全体性と無限』に結実することになる倫理に関する議論と、あとは時事的な色彩の強いユダヤ教に関する論考である。コレージュ・フィロゾフィックの講演での倫理以外の多様なモチーフはなぜか活字になることなく『全体性と無限』の出版まで隠されていた。

倫理思想の出発点となる「存在論は根本的か」はその名前が示すとおりハイデガー批判の論文である。ハイデガーのナチス加担には触れず、そもそもハイデガーの思想自体が本質的に暴力であるという挑発的な主張をしている（ハイデガーに親近感を持つ人からのおそらくは「正しい」レヴィナス批判はそれ以後絶えず提示されているが、ハイデガー研究史から見たレヴィナスの議論の妥当性の検討よりも、そもそも彼がこのような強い主張をすることの意味を考える必要がある）。

了解は、存在の開けのなかにある存在者に関係することによって、存在者に対して存在から出発した意味作用を見出す。その意味において、了解は存在者を加護することなく名付けるだけである。そのようにして了解は暴力と否定を成し遂げる。暴力という部分的な否定である。(49)

了解はハイデガーの用語であり行為を通して道具や他者と関わることである。慣れた道具を使うときには対象の認識は背景に退くし、対人関係は道具と行為のネットワークのなかで自ずと生じてしまうために他者認識は背景に退く。つまり了解は認識に先立つとハイデガーは考えた。『存在と時間』前半ではこのような了解こそが、日常のなかでの存在者の存在との関係であると考えられていた。レヴィナスはこれを批判する。

レヴィナスの「存在論は根本的か」では、他者は「存在者」と呼ばれて「存在」とは対置される（後期のレヴィナスは他者の異質性をさらに際だたせるために「存在者」ではなく「存在とは別の仕方」と呼ぶことになる）。存在者を存在との関係で考えてしまう了解が暴力であるというのである。ここでの了解は道具の使用だけでなく、共存在として他者を存在するままにする Seinslassen/laisser être ことも含まれ、さらには当時出版されつつあった『杣道』など、戦後ハイデガーの思索も射程に入っている。

了解概念の要約を行ったあとにレヴィナスは次のように書いている。

> そこ〔対人関係〕においても、私は、他者のなかの存在を存在者としての個別性を超えて了解すると言いたければ言っても良い。私が関係を持つ人格のことを私は存在と呼ぶ。しかし存在と呼ぶことで、私は人格に向けて呼びかけている。私は単にその人格が存在していると考えているわけではなく、彼に向けて話しかけている。〔…〕
>
> 人とは、出会いを表現することなしに私が出会うことができない唯一の存在である。出会いはその点でまさに認識とは区別される。人間に向けてのあらゆる態度のなかには挨拶がある。たとえ挨拶することの拒否であったとしても。[50]

ここでは他者への呼びかけが対人関係の本質をなすと考えられている。道具のネットワークのなかでともに行為し、他者の行為可能性を助けるという形で他者の存在と関わることもできるが、他者の存在を了解するためにも彼に呼びかけ挨拶しなくてはいけない。挨拶という表現は意味内容を持たない、他者との出会いそのものを証言する言葉である。この水準をレヴィナスは捕まえようとしている。その具体的な内実が顔として描かれてゆくことになるのだ。他者からの呼びかけとしての顔と、他者に向けての呼びかけあるいは欲望とがこうして中心の課題となる。

（1）法と理性を重視するパリサイ人をレヴィナスは評価し、自らをその系譜に位置づけていた（「パリサイ人は不在」『困難な自由』所収）。ところで、パリサイ人 pharoushim とは、「分離された者」という意味である（Tresmontant, 1956, 16）。

（2）TI, 5、『全体性と無限』上巻十三頁。

（3）『全体性と無限』の本文の議論では国家の全体性を破壊する力としても登場するのであいまいさがある。たしかに戦争は全体性の暴力の一種である。しかしそもそも全体性を破壊する力は、他者へ向けての言説で生じる。とすると戦争が外部性を示すのならば、戦争は言説に由来することを示している。とすると戦争とは、全体性と（全体性を超える外部性である）言説とが交接して生まれた異形のものなのであろう。

（4）『全体性と無限』は「同」と「全体性」という二つの概念と闘っている。この二つはほとんど同じもののようにも見えるのだが、関根小織は「同」と「全体性」のあいだの差異を明らかにした（関根 2007）。関根によると同が全体性よりも広い外延を持ち、しかも全体性が実は二つの用法を持つという。同には、主体の個別性を表すポジティブな自己同一性の確保という側面と、個別性を消し去るネガティブな統一性という側面がある（関根 2007, 38）。後者が全体性と重なる。さらに全体性としての同は、一方で同一化を本質とし、他方では「ある」につながる非人称性を本質とするのである（関根 2007, 39-54）。前者は過度の個体化、後者は個体の抹消である。

　関根の分析の眼目は、第一の全体性がフッサールの認識論的な現象学の批判へと連なり、第二の全体性がハイデガー存在論の非人称的な傾向の批判へと連なるという分節がなされたことである。この指摘によって『全体性と無限』の錯綜した議論に重要な見通しが与えられた。

一点著者の分析に補足すると、同一化のもつ「力動」「暴力」という側面は、フッサールの中立的な認識論よりは、スピノザを標的としている。『全体性と無限』におけるコナトゥス批判こそが、この力動としての同一化の局面を表している（私見ではレヴィナスのスピノザ批判は、しばしば言われるような、他者を簒奪する自我の権能に対する倫理的批判といった単純なものではない。そもそもスピノザのコナトゥスやヴィルトゥスという概念は、現象学のなかで位置づけるのがきわめて困難な概念であり、この「位置づけられなさ」を基点としてレヴィナスの批判を考え直すことができるのではないだろうか。この点は、合田正人による一連の論考が示唆を与えてくれる（合田 2012））。

（5）TI, 226、『全体性と無限』下巻五十九頁。

（6）「言いかえれば、精神の目を私自身に向けるとき、私は不完全で他に依存しているものであり、より大きなもの、さらにより大きなもの、すなわちよりよいものを、限りなく求めていることを私は理解しているが、それだけでなく同時にまた、私が依存しているものは、それらいっそう大きなもののすべてを、ただ無際限に可能的にもつだけではなく、実際に無限に自分のうちにもっており、かくしてそれは神であることをも理解するのである。」（デカルト『省察』八十一－八十二頁）

（7）EI, 80、『倫理と無限』百六頁。

（8）EI, 82、『倫理と無限』百九頁。

（9）TI, 43、『全体性と無限』上巻八十頁。

（10）「顔が私の方を向いた。これこそが顔の裸性そのものである」（TI, 72、『全体性と無限』上巻百三十七頁）。

（11）TI, 61、『全体性と無限』上巻百十六頁。

（12）EE, 162、『実存から実存者へ』百九十八頁。

（13）TI, 187、『全体性と無限』上巻二百八十九頁。TI, 228、『全体性と無限』下巻六十二頁。

（14）しかしこの経済と討論という具体的なものの重視は彼にとっては大きな意味を持つ。たとえば「私と君」を「私と事物」との関係を対比させるブーバーの他者論を批判する理由の一つは、その具体性を欠いた形式主義である（TI, 64、『全体性と無限』上巻百二十二頁）。

（15）TI, 56、『全体性と無限』上巻百六－百七頁。

（16）TI, 148、『全体性と無限』上巻二百七十九頁。

TI, 193、『全体性と無限』上巻三百六十五頁。TI, 211、『全体性と無限』下巻二十九頁。

（17）TI, 185、『全体性と無限』上巻二百八十七頁。

（18）TI, 236-237、『全体性と無限』下巻七十八頁。

（19）TI, 165-166、『全体性と無限』上巻三百十二－三百十三頁。

（20）TI, 293、『全体性と無限』下巻百八十一頁。

（21）TI, 216、『全体性と無限』下巻三十九頁。

（22）TI, 232、『全体性と無限』下巻六十九頁。

（23）TI, 217、『全体性と無限』下巻四十一頁。

（24）TI, 233、『全体性と無限』下巻七十一頁。

（25）『著作集』第二巻、76。

（26）『著作集』第二巻、77。

（27）『著作集』第二巻、74。

（28）II, 126.

（29）II, 133.

（30）『著作集』第一巻、66。

（31）『著作集』第二巻、98。

（32）『著作集』第二巻、192。

（33）『著作集』第二巻、196。

（34）『著作集』第二巻、197。

（35）レリス論については平石晃樹氏からご指摘いただいた。

（36）『著作集』第二巻、82-85。

（37）『著作集』第二巻、171。

（38）「師からトーラへの敬意を学ぶ一方で、生徒、すなわち通常は師よりも若いこの他人は、未来の名において大胆な質問をしなければならないのです。トーラは明日何を意味するのか、この視点から生徒は質問します。」（AHN, 78、『諸国民の時に』百六頁）

（39）『著作集』第二巻、93。

（40）『著作集』第二巻、185-187。

（41）『著作集』第二巻、185。

（42）『著作集』第二巻、186。強調はレヴィナスによる。

（43）DL, 25、『困難な自由』十五頁。

（44）『著作集』第二巻、211。

（45）『著作集』第二巻、217。

（46）DL, 32、『困難な自由』二十二頁。

（47）『著作集』第二巻、166。

（48）ただし『全体性と無限』にはない「糧」講演独特の議論は、光が「ある」の闇の否定として導入されること（『著作集』第二巻、158）、そして光の中で成立する視覚・ヴィジョンが糧としての世界の享楽と考えられていることである（『著作集』第二巻、156）。『全体性と無限』での光は認識の源泉である。

(49) II, 131、『レヴィナス・コレクション』三百五十九頁。

(50) II, 128-129、『レヴィナス・コレクション』三百五十五頁。

第5章 後期思想『存在の彼方へ』

1 ―― 後期思想の骨組み

本章では後期思想を論じる。とりわけ他者との関係がそこで生起する特異な次元が一貫したテーマとなる。

『全体性と無限』（一九六一年）でシステムを作り上げたかに見えたレヴィナスの思想は直後に大きく変化する。最終的には、『存在するとは別の仕方であるいは存在することの彼方へ』（一九七四年）というタイトルからして異常な書物（文庫では『存在の彼方へ』）を作り出すことになる。『存在の彼方へ』では痕跡、謎、隔時性、彼性、存在の彼方といった異様な用語が並び、ほとんど同じ内容が延々と繰り返されながら次第に変化してゆく。『全体性と無限』と『存在の彼方へ』とではあまりに作りが異なるため、この違いをどのように理解するのかという問いがレヴィナスの読者を常に悩ませてきた。研究者のあいだでも両者の連続性を強調する人と、断絶を強調する人に分かれるが、連続と断絶の両面があるのは間違いない。

存在の彼方という異様な概念はデリダの「暴力と形而上学」（一九六四年）による批判のショックで生じたものであると言われることがあった。のちに『エクリチュールと差異』（一九六七年）に収められることになるこの論文によってレヴィナスの名前が広く知られるようになったのは事実である。しかしデリダの影響でレヴィナスが変化したというよりも、レヴィナスの転回の第一発見者がデリダであると言ったほうが正確である。デリダによる批判の前年一九六三年に登場する「痕跡」概念が後期思想の決定的な一歩となり、その変化をデリダも捉えていた[1]。さらに、第7章で示すとおり筆者はそれより前の一九六一年の段階で転回が起きたのではないかと考えている。デリダによるいくつかある批判のうち、「暴力なき世界などあるのか？」「暴力なき終末論的世界（メシアの時間）は絶対的暴力ではないか？」という批判は特に重要であるが[2]、まさにこの点を一九六一年にすでにレヴィナスは自己批判している。

本章では、『全体性と無限』から『存在の彼方へ』への転回がいかなる要請によるものだったのか、という問いを考察しつつ、〈外傷の哲学〉さらには〈狂気の哲学〉としての後期レヴィナス思想を浮かび上がらせたい。

第1節ではまず準備として後期思想の骨組みを説明してゆく。とくに『存在の彼方へ』の前に一九六三年から六七年にかけて発表され『実存の発見』第三部に収められた論考を検討しながら、後期思想の生成過程を追ってみたい。

顔がそこから到来する場所——痕跡、無限、彼性

まず、後期にいたっても『全体性と無限』において提示された顔の概念は基本的には維持される。

絶対的な他者は意識には反映しない。〔…〕顔はそれを思念する志向性を面食らわせる。[3]

事物の認識とは異なる仕方で顔は到来する。この点は以前と変わらない。ただし後期には顔そのものではなく顔の背景をなす構造と、顔が顔として現象する〈場〉についての議論が中心となる。そのため顔そのものは背景に退いていく（『全体性と無限』では三百回ほど使われた「顔」という単語は『存在の彼方へ』では四十回ほどの登場にとどまる）。まず大きな転機をなす論文「他者の痕跡」（一九六三年）を検討する。ここで後期レヴィナスを特徴づける概念の一つである「痕跡」が登場する。

顔の裸性は文化的な装飾を持たない剝奪であり、――放免〔分離〕absolution――であり、顔の産出のただ中での離反である。顔は絶対的に異邦な領域から私たちの世界に入ってくる〔…〕。いかにして顔の訪いにおける〈他の人〉の到来が、象徴であろうが暗示であろうがいかなる意味でも啓示に転ずることがないのか。〔…〕これに答えるためには痕跡の例外的な意味性とこのような意味性が可能になる人格の秩序を研究しなくてはいけないであろう。(4)

ここでも『全体性と無限』と同じように顔の裸性が語られるが、顔が文化的なコンテキストを持たない意味作用であるということが言われる（『全体性と無限』では教えという形で言語使用が前提とされている）。言語的な世界とは異なる水準で顔は現象することになる。

世界からの分離のことを彼は（ラテン語で「分離する absolvere」を意味する語源に遡って）「絶対

absolu」と呼んでいる。分離は『全体性と無限』の重要な操作概念であったが、同時に『全体性と無限』にはなかった新しい契機がある。つまり〔認識対象の現出とは根本的に異なる〕顔がそこからやってくる領域が問われるのである。次の引用ではまだ暗示されるだけだが、痕跡とはこの顔が由来する領域と顔との関係のことである。

〔他の人 autrui〕は絶対的に〈不在のもの〉に由来する。しかし他の人と他の人がそこから到来する絶対的に不在のものとの関係は、この〈不在のもの〉を明らかにはしない。しかしながら〈不在のもの〉は顔のなかで意味作用を持つ。[5]

他者は〔対象の秩序とは異なる〕〈不在のもの〉から到来する。他者の顔のなかにこの絶対に〈不在のもの〉が反映する。しかし、交通標識が歩行者の存在を指示する indiquer ような形では、他者は〈不在〉を指示することはない。歩行者とは異なり、〈不在〉はそれとして現出することがない。「絶対」が世界からの分離を意味するということをもう一度強調したい。にもかかわらず〈不在〉はある独特の仕方で顔のなかで現象する。この顔のなかへの〈不在〉の過ぎ越し方をレヴィナスは痕跡と呼ぶことになる。顔においてこの〈不在〉の領域が痕跡を残すのである。これは謎とも呼ばれる。

顔がそこから到来する彼方は痕跡として意味する。顔はポール・ヴァレリーが「遠い昔、決して十分には昔ではない〔…〕」と呼んだ、絶対的に満了した、絶対的に過ぎ去った、

退去した〈不在のもの〉の痕跡のなかにある。(6)

謎は、現象をかき乱す。謎は望ましくない異邦人のようにすぐさま退去せんとする何らかの意味の介入であるが、〔…〕謎は、超越そのもの、〈他者〉としての〈他者〉の近さである。(7)

レヴィナスは『全体性と無限』以上に対人関係と事物の認識との違いを強調しようとする。他者は対象とは異なる領域から異なる仕方で到来する。それゆえそれは現象とは呼べないし存在もしない。現象の領域である知覚の地平(8)ではなく、顔の由来する領域である〈不在〉からやってくる。〈不在〉は顔において痕跡を残す。とすると〈不在〉は顔の顕現に対して先行し、すでに過ぎ去っている。しかも〈不在〉が現在に登場することは決してないのだから、〈不在〉は絶対的な過去に位置づけられる。

現出することのない痕跡という繊細な現象の仕方は、対象の現出の秩序を「攪乱」することでもある。対人関係とは認識の秩序の攪乱なのである。この事物対象が現象する世界を攪乱することは知性に還元できない。この目には見えない攪乱をレヴィナスは謎と呼ぶ。知覚世界のただ中に、それとは全く異質な世界が生じるという驚きを表現している。

対人関係のなかで〈不在〉が現象から退去すること、認識とは異なる仕方で対人関係が生じること、それをレヴィナスは「近さ」と呼ぶ。近さとは私とあなたの親密さではないし、ましてユダヤ人の血縁関係などではない。そうではなく、顔独特の切迫の構造のことである。

この〈不在〉は最終的に「彼性」と名指されることになる。私でもあなたでもないが、しかしあなたがそこからやってくる「彼・それ三」なのである。

しかし〈他者〉の痕跡のなかで顔は光る〔…〕。〔…〕〔顔〕は彼性の痕跡のなかにある。彼性は存在の他性の起源である〔…〕。彼性へ向かってゆくということは、この痕跡を追ってゆくということではない。痕跡は記号ではないのだ。そうではなく痕跡のなかにいる〈他者たち〉へと向かうことなのだ。(9)

レヴィナスにおいて彼性はしばしば無限と同一視される。そして無限と神とも重ね合わせられる。(10)とすると顔がそこから到来する場所とは神に他ならない。『全体性と無限』では顔と神とが同一視されていたのだが、後期では区別される。ただし、神の痕跡を追いかけることはできない。他の人と関わることのなかに神はその痕跡を残す。他者へ向かうという仕方でしか神と関わることはできない。むしろ日常の対人関係を結ぶことこそが神との関係である。逆にいうとレヴィナスにおいて宗教を語ることができるとしても、神へと直接向かうことができない以上「神を信仰する」ことは不可能なのである。のちほど第7章2で、レヴィナスが信仰なき宗教というものを考えていることを見ることになる。

2――後期の基本概念

事物の認識と対人関係とが全く異なる構造をもつということ、しかし両者が交叉するということ、それが（対人関係の場としての）無限およびその痕跡の概念を要請している。この仕組みは論理的にいくつかの帰結を呼ぶ。（反）存在論、時間論、言語論といった形でこの帰結は現れる。一九六五年に「隔時性」[11]、一九六七年に「語ること」[12]という重要概念が登場するが、この二つは『存在の彼方へ』に収められる一九七〇年以後のテキストで展開されることになる。外傷を核として展開する『存在の彼方へ』の内実については次の第6章で詳述するが、その前の準備としてこの本の特異な概念群を解説しておきたい。

存在の彼方――（反）存在論

認識される事物が存在するのだとしたら、認識とは異なる仕方で顕現する顔は存在しない。顔は存在とは別の仕方で作用するはずだ。ここから世にも不思議な『存在するとは別の仕方であるいは存在することの彼方へ』なる原題の書物（『存在の彼方へ』）が出来上がる。

認識される事物は存在において存在者となる。レヴィナスはこのような事物的な存在者固有の運動を「存在することessence」と呼ぶ[13]。他者の切迫は事物の存在とは異なる水準で異なる運動をする。存在の彼方とは対人関係が作動する固有の仕方、あるいは固有の領域のことであった。この対人関係固有の運動を言語から論じるのが「語ること」であり、時間面から論じるのが「隔時性diachronie」であり、空間面から論じるのが「非場所」や「同のなかの他者」である。これを細かく見ていこう。

語ること――〈存在の彼方〉における言語

単語や文章には意味がある。文法を使った言語活動は意味を生み出し伝達する。コミュニケーションは言語や身振りで何かを伝える。ところで言語活動が誰かに伝達されるとしたら、文法の使用とも身振りとも異なる何か、他の人へ向けて開かれるという（目に見えない）運動が必要である。相手に向けて開かれるという運動がなかったとしたら、文法の使用は意味の産出とは言えない。この話し相手は空想上の相手かもしれないし、独り言で自分自身を相手として発せられるかもしれないし、認知症のせん妄のように実在しない相手かもしれない。しかし認知症のせん妄も、誰かに向けて発せられる言葉である。「狂気のなかでも私は他者へと呼びかける[14]」。

しかし他者へと開かれるこの運動そのものは目には見えない（存在の水準にはない）。すでに発せられた言葉のなかで事後的に確認されるだけである。このような相手に向けての目には見えない運動のことをレヴィナスは〈語ること〉と呼んで、文法を使った言語活動とその意味内容である〈語られたこと〉とは区別した。目には見えないという表現は論者が導入した比喩であるが、対象知覚とは異なる運動であり、この相手に向けて開かれる運動固有の水準のことを「存在の彼方」とレヴィナスは呼んだのだった。

語ること、コンタクト、暴露の真摯さとしての近さ。言語の手前の語ること、しかし語ることがなくてはメッセージの伝達としてのいかなる言語も不可能であろう[15]。

ところで、〈語ること〉の意味作用は〈語られたこと〉の彼方に赴く。語る主体を促すのは存在論ではないのだ。逆に、〈語られたこと〉のなかに取り集められた存在することの彼方へと赴く〈語ること〉の意味性こそが、存在の曝露あるいは存在論を正当化する。(16)

語ることの作動は、文法の作動としての言語活動や身振りによる具体的なコミュニケーションに先立ってそれを背後で支えている。言語活動が存在の領域にあることからも、その手前で働く語ることは存在とは別の仕方と呼ばざるをえない。

隔時性 diachronie——〈存在の彼方〉における時間性

事物は意識の現在において感性的な印象の分解 diastase(17) として与えられる。感性的な印象は推移してゆくがしかし同一の対象の認識へと回収される。ペットボトルをぐるぐる回してみればそのつど見える形は異なるが、しかしペットボトルの同一性が失われることはない。音楽は刻一刻と変化してゆき、たった今響いたはずの音は消え去ってもはや帰ってくることはないが、しかし曲としての統一性が失われることはない。この感覚の変化と統一のプロセスをフッサールは内的時間意識の現象学として精緻に研究した。現在の感性的印象は一瞬先の未来の印象を先取りしつつ、すぐさま過去へと沈み込み、しかも過ぎ去った印象はある特殊な仕方で現在にとどまり続ける。過ぎ去った音は、(すでに消えているけれども)ある意味でとどまり続ける。さもなくばメロディーとして聞き取ることができない。フッサールはこのような感覚の到来と沈み込みを予持と把持と呼んだ。レヴィナスはこれを位相差 déphasage(18)、分解 diastase と呼ぶ。

レヴィナスにとっては感覚の推移が再び対象知覚という同一物へと回収されるということが重要だった（第3章4参照）。

ところが対人関係は、このような感性的な印象の分解と同一性の回復のプロセスとは異なる。もちろん相手の身体像は感性的な印象の時間化のプロセスに従うが、そこには対人関係の本質はない。眼科医が患者の眼球を凝視するとき、患者の眼球は事物として認識され、事物として時間化するが、そのとき眼科医と患者の目が合うことはない。そして一瞬目が合って一目惚れしたり殺意を感じることのなかに対人関係固有の出来事がある。

感覚として現象しないとすると、（認識対象とは異なって）顔の顕現は現在時においては現れない。切迫する顔は、逆説的だが現在からのずれとして到来する。この現在を持たない時間的ずれを示すために隔時性 diachronie という言葉が導入される。隔時性とは対人関係固有の時間化、そして同時に（対人関係として成立する）主体の時間化のことである。事物が現れる現在・過去・未来（フッサールの言葉で言うと原印象・把持・予持、再想起・予期）とは異なる水準での時間があるのである。

> 主体は〔…〕時間のなかにあるのではなく、隔時性そのものなのだ〔…〕[19]。

> 近さ――「～についての意識」が持つ距離の抹消――は、共通の現在を持たない隔-時性の距離を開く。そこでは差異が回収不可能な過去であり、想像不可能な未来であり、隣人のなかの表象不可能なものである。この隣人に対して私は遅れをとっているのだ〔…〕[20]。

レヴィナスの語りは若干あいまいなのだが、隔時性にはいくつかの側面がある。私と他者とのあいだのずれ、存在の彼方と存在の水準との間のずれ、私と無限とのあいだのずれ、私自身の時間化（「老い」）だ。私は他者から遅れ、無限はつねに過ぎ越しており、語ることは語られたことに先行している。顔の切迫に視点を置く限り、いたるところに〈ずれ〉が生じる。隔時性自体は一つなのだが、見る角度によっていくつかの描き方があるのだ。存在するものの現在時に回収することができないというたった一つの出来事が、同時にこれらの〈ずれ〉を導入することになる。

非場所——〈存在の彼方〉における主体の位置

存在の彼方は、時間的には隔時性として作用するのだが、空間上も対象が位置づけられる存在の水準のなかに場所を持つことがない。私自身も他者も、対人関係も、知覚空間の〈ここ〉や〈あそこ〉には位置づけることができないのである。とすると主体は隔時性であるとともに非場所であることになる。

主体性——この断絶の場所と非場所——はあらゆる受動性よりも受動的な受動性として過ぎ越す[21]。

非場所は最終的にはさらに奇妙な空間論に至るがその点は第6章4で取り上げる。

絶対的な受動性

右の引用のなかで、「あらゆる受動性よりも受動的な受動性」と言われている他者の切迫は、私にとって絶対に受動的な体験である。私から他者への呼びかけでさえも、私が聞き取るよりも前に他者によってすでに呼びかけられてしまっていたという受動性の帰結にすぎない。『全体性と無限』までの中期においては、他者は貧者あるいは師というかたちで現象した。ここでは他者と私との間の還元不可能な非対称性が問題になっていた。これが後期では受動性の体験に変化する。認識が志向性と行為という能動性の場所であったのに対し、他者から呼びかけられる体験は私の意に反して否応なく常にすでに起こってしまっていることだからだ。

アナクロニズムと同のなかの他者――ねじれた時空間

この受動性がさらなるねじれを生む。

> 命令の聴取に先立つ服従、霊感あるいは預言のアナクロニズムは、回想の回収可能な時間にしてみれば、託宣による未来の予知よりも矛盾しているであろう。「彼らが呼びかけるより前に、私の方が答えるだろう」という〔『イザヤ書』65: 24の〕言葉は文字通りにとらないといけない。〈他者〉に近づきながら、私はつねに「待ちあわせ」の時間に遅れているのだ。しかしこの服従しろという命令を聞き取ってもいないのにこの命令に従うという奇妙な服従、表象に先立つ服従、あらゆる宣誓に先立つ忠誠、アンガジュマンに先立つ責任は、まさに同のなかの他者、霊感〔息を吹き込まれること〕と預言、〈無限〉の過ぎ越しなの

である。[22]

〈語られたこと〉の手前の〈語ること〉と、事物認識の時間とは別の対人関係の〈隔時性〉という対人関係の二つの側面はさらに複雑化する。他者が私を呼ぶ前に私は他者の命令を聞き取り、私から他者への呼びかけのなかに他者から私への命令は聞き取られる。このような時間のねじれをレヴィナスはアナクロニズムと呼ぶ。

語ることは私から他者への開けであるが、実は私から他者への開かれである「意味作用signification」のなかに、他者から私への呼びかけである「召喚assignation」という二つ目の側面を含み込む（これは『全体性と無限』における他者の「教え」「懇願」と私の「弁明」に対応するが、より「深い」層に移行している）。込み入っているのは召喚と意味作用とのあいだの関係である。他者へ語ることは（潜在的かもしれないが）常に他者からの呼びかけへの応答である。なので他者による召喚は、私による他者への意味作用に先立つ（隔時性）。ところが召喚はそれとして現象しなくてもよい。私から他者への呼びかけのなかで、他者によってすでに呼び求められていたことが証しだてられるという仕方で召喚は先行するからだ。逆に言うと私から他者への能動的な働きかけとして作動した行為も、実は他者から私への呼びかけという受動的な経験の痕跡なのである。とすると対人関係の水準において、主体は絶対に受け身の受動的なものであることになる。語ることとしての主体あるいは自己は、構造上絶対に受動的なのである。

一九五〇年代にすでに教えの他者が絶対的な過去に由来するという議論が出されていた（第4章2）。レヴィナスは一貫して直線的連続的に推移する意識の時間とは異なる時間を考えていたのだが、その到達点がこのアナクロニズムという概念なのである。

　このような他者からの呼びかけの先行性のことをレヴィナスはアナクロニズムや預言、霊感、無限の栄光と呼ぶ。『全体性と無限』が絶対的な高みから降りてきて今ここで私に直面する他者との関係を軸に考えていたのに対し、後期思想では、他者がすでに私に先行し、すでに私のなかに入り込んでしまっているという時間と空間のねじれを考えている。

身代わり

> 傷つきやすさ、侮辱へと、傷へと曝されること、あらゆる忍耐よりも受動的な受動性、直接目的語の受動性、人質による迫害に至るほどまでに被ることになった糾弾の外傷、人質のなかで他者たちへと身代わりになることで揺さぶられるアイデンティティ、脱退としての自己、あるいは〈自我〉の同一性の敗北。このようなものが極限まで追いやられた感受性なのだ。これが主体の主体性としての感受性だ。他者への身代わり、他者の代わりの一者、贖い。[23]

　存在の彼方にある対人関係が、〈倫理〉と結びついたときに、彼が誇張法と呼ぶ極限値の思考が登場する。そもそも〈倫理〉とは、不条理や苦痛に対抗するための最後の装置として要請されたことは第2章ですでに確認した。そしてこの〈倫理〉が他者に対する無限の責任という実現不可能な極限値を要請するがゆえに、実際のところは倫理とはいえないようなものになる。

私の苦痛は他者のための苦痛としてしか意味を持たず、他者の苦痛は絶対に容認しがたいものである。ここから生まれる帰結は、他者のために無限に責任を負い「迫害」に至るまで苦しみ続ける「外傷」、という極限値による主体の定義である。責任は背負えば背負うほどさらに増し、苦痛は外傷と狂気に至るまで亢進する。このような過剰に至るほど、私は他者の「身代わり」であり「人質」なのである。これが誇張法と彼が呼ぶものである。

隔時性と語ることがこのような倫理と結びついたときに、他者に対して責任を負うことは、他者による命令に先立って他者の命令に従ってしまっているというアナクロニズムと、他者が私のなかにすでに入り込んでいるという「同のなかの他」という定義に至る。宇宙のなかのブラックホールのように、苦痛と責任が果てしなく増大してゆくというこの主体の定義は、次章で見る通り精神医学と結びついてゆくのである。

（1）「暴力と形而上学」冒頭に次のような注が付いている。「この試論はエマニュエル・レヴィナスの二つの重要なテキストが出版されたときに書かれた。「〈他者〉の痕跡」（in *Tijdschrift voor Filosofie*, sept. 1963）と「意義と意味」（in *Revue de métaphysique et de morale*, 1964, no. 2）である。残念ながら、これらのテキストには簡単な言及しかできない。」（Derrida 1967, 117）。まさにこの二つのテキストで後期思想の出発点を告げる痕跡概念が提示されたのであり、この大きな変化を感じ取ったデリダは「重要なテキスト」であると判断している。

（2）Derrida (1967), 187-193.

（3）EDE, 195、『実存の発見』二百八十四頁。

（4）EDE, 194-195、『実存の発見』二百八十二–二百八十三頁。

（5）EDE, 198、『実存の発見』二百八十八頁。

（6）EDE, 198、『実存の発見』二百八十八–二百八十九頁。

（7）EDE, 213、『実存の発見』二百十三頁。

（8）知覚空間のなかで、対象はそれが位置づけられる空間の広がりや、裏面、あるいはより詳細に観察すれば浮かび上がるであろう細部、といった当座は眼に見えないが、条件次第で見えてくるであろう部分を持つ。この部分のことをフッサールは地平と呼ぶ。

（9）EDE, 202、HA, 69-70、『実存の発見』二百九十五頁。

（10）EDE, 216、『実存の発見』三百十七頁。

（11）EDE, 204、『実存の発見』二百九十九頁。

（12）EDE, 236、『実存の発見』三百四十八頁。

（13）AE, 9、『存在の彼方へ』七頁。

（14）『著作集』第二巻、218。

（15）AE, 32、『存在の彼方へ』五十二―五十三頁。

（16）AE, 66、『存在の彼方へ』百頁。

（17）AE, 52-53、『存在の彼方へ』八十一―八十二頁。

（18）AE, 51、『存在の彼方へ』七十九頁。

（19）AE, 96、『存在の彼方へ』百四十六頁。

（20）AE, 142、『存在の彼方へ』二百十四頁。

（21）AE, 30、『存在の彼方へ』四十九―五十頁。

（22）AE, 235、『存在の彼方へ』三百四十二頁。

（23）AE, 31、『存在の彼方へ』五十頁。

第6章 外傷としての主体から深淵の空虚へ

1　睡眠としての主体

『全体性と無限』の失敗

本章では『全体性と無限』の「失敗」が、レヴィナスを外傷の哲学へと導いていったプロセスを描く。安全な主体の確保と外傷としての主体という対比から、『全体性と無限』と後期思想の対比をとらえなおしたい。章の後半では、最終的にレヴィナスが覗いた深淵に触れることになるだろう。

レヴィ＝ストロースを始めとする二十世紀後半の思想史のなかで主体概念は大きく批判された。しかしレヴィナスはあえて主体を擁護し続けるという反時代的な立場を取る。とはいえ彼の主体概念は西欧哲学で類例を見ないものでもある。後期には、他者が私を呼ぶのに先立って私は他者の命令をすでに聞き取ってしまっているというねじれた時間構造のことを主体と呼んだ。視点を変えると、絶対的な受動性のなかでの外傷を主体性あるいは自己と呼んだ。西欧哲学は、知能が高い男性が自分をモデルに、意識や行為を内省して主体概念を作り上げてきた。これに対し、レヴィナスは極度の外傷を背負い、狂気に触れる眩暈において主体を見出そうとした。

たしかにデカルトはすべてを疑い自らの狂気をも想定する誇張懐疑を遂行した。しかし狂気に陥っているかもしれないとはいえ、そのように思考する私がいるということだけは疑うことができないと考えた。狂気ですら届かない理性的な点として自我を見出したのだった。あるいはカントが「崇高の分析論」(『判断力批判』所収)のなかで自然の暴力に対抗する仕方で道徳意識を持つ理性的主体を見出したとき、彼は「主体が安全な場所にいるならば」と繰り返す。主体の安全、安定を確保した上で初めて理性は機能するのである。西欧的な道徳意識を持たない限り自然の暴力に圧倒されてひれ伏すのである。レヴィナスの議論は外傷と狂気のただ中でこそ主体が生まれると主張する。外傷を所与の出発点とする以上、安定した主体などはありえない。しかし外傷と災厄の無意味のただ中で意味と主体を作り出さないといけない。

身代わりにいたる無限の責任、迫害や人質における苦痛といった極限値を、後期のレヴィナスは「誇張法」と呼んだ。これはある種の精神疾患において出現する妄想と類似するが、単なる偶然ではない。妥協を拒む妄想状の誇張倫理は、その背後に外傷体験を通して定義される主観性を隠しもっており、この両面は構造的に補い合っている。そしてこの構造としての〈外傷〉や〈妄想〉はおそらく彼自身の外傷に裏打ちされている。重要な文章なので第2章で引用した文章を再び挙げる。

四半世紀以上前に、私たちの生は中断してしまった。おそらく歴史も。〔…〕このような腫瘍を記憶に持つとき、二十年の歳月といえども何も変えることはできない。おそらくは遠からず死が、六百万人の死者に対して生き残ってしまったという不当な特権を消してくれるだろうが。[1]

引用で「腫瘍」と語られている、思い出すことも忘れることもできない外傷体験[2]との関係で、主体は規定されている。レヴィナスは、精神疾患の可能性を構造そのもののなかに含んだ現象学を構想した。

外傷からレヴィナスの主体概念を論じる一方で、本章は前章を受けて、『全体性と無限』から『存在の彼方へ』への変化を考えたい。私は、『全体性と無限』がレヴィナス自身にとっては不徹底であるがゆえに失敗に終わった大作であり、失敗がラディカルな転回を要請したのではないかと考えている。

第4章で見たように『全体性と無限』でのレヴィナスは、暴力から逃れる主体を打ち立てようとした。主体の個体性を抹消する暴力を「全体性」と呼んで、そこからの離脱（「分離」）の可能性を探った。ところがいくら全体性から分離しても、主体は再び全体性に呑み込まれてしまう。たとえば倫理的な主体は修正主義のような歴史記述の暴力に対抗するのだが、しかし死の暴力に打ち克つことはできない。それゆえ倫理の後にエロスと息子という、死を乗り越える未来の可能性を導入するのである（だから倫理は『全体性と無限』の結論ではない）。そして最後にメシア的時間という、暴力から解放されきった世界を保証してくれる理念を設定する必要が生じた。書物の末尾で外から到来する救世主は取ってつけたような印象を与える（第7章1）。彼はこのメシア的な時間がいかなるものであるのか詳述することはできなかった上に、正当化もできていない。

『全体性と無限』から『存在の彼方へ』への転回は、前者で見出されたはずの確固たる主体という仮面の下に、壊れる主体を発見する作業である。暴力に対抗して安定した主体を分離しようとするプロセスから、外傷のただなかに主体を発見する視点への変化である。「外部性についての試論」という副題を持つ『全体性と無限』では、全体性の外部に脱出することが問題であったが、「同のなかの他」を語る『存在の彼方へ』では外傷が内在化されている。

以下では安全地帯の放棄というモチーフを主役にして、転回の内実を考えてゆきたいと思う。『全体性と無限』は安全地帯として主体を構想したが、後期には安全地帯の破壊において主体が見出される。レヴィナス自身が「安全地帯、避難場所 abri/refuge」という言葉を使うこともあるが、『全体性と無限』において定式化された「住居 demeure」がこの点についてのまとまった考察である。この住居という概念は以後用いられることがない孤立した概念であるが、まさに放棄されたことが重要だ。この放棄の結果、外傷を起点とした特異な哲学が形成されることになったのである。

不眠と睡眠

『全体性と無限』の住居概念を取り上げる前に、もう一度『実存から実存者へ』に触れたい。病的な状態から出発して主体を考えるのは初期からの一貫した立場であるからだ。この作品では、無意味な「ある」の切迫に対抗する形で主体（実存者）を立ち上げる。この非人称の闇から分離する主体の生成のことを、彼は主体生成 hypostase という奇妙な言葉で呼んだ。ここですでにある種の治癒論が構想されている。

第3章1で見たとおり「ある」の例の一つは、不安のなかでの不眠であった。森のなかの闇に囲まれた収容所でこの概念は練りあげられたのだ。このとき妄想、狂気、不眠という言葉が登場する。

ある種の妄想の覚醒において、狂気のある種の逆説において、不眠が沈潜する非人称的な「意識」に出くわすことがある。(3)

多くの精神疾患は不眠を伴う。(4) 不眠は病態の深刻さの指標となりうる。この不眠という言葉を、病的な不眠をも含む経験事象を指す言葉でありながら、かつ哲学的なカテゴリーとして捉える必要がある。多くのレヴィナスの概念に、この経験の水準と超越論性との二重性が当てはまることを強調しておきたい。不眠のなかで主体性は闇のなかに溶けてなくなる。それゆえ不眠としての「ある」に対抗する主体化とはまさに睡眠だというのである。奇妙なことに、眠ることにおいて人間は主体化する。西洋哲学史が意識を主体の場であると考え続けてきたことを考えるとこれは大きな転換である。眠って意識を失うことにおいて、人間は「ここ」という自分自身の場所を獲得するのである。引用してみよう。

睡眠は、土台としての場所との関係を回復する。眠るために横たわり、片隅に身を丸めるとき、私たちは或る場所へ身を委ねる。その場所は土台として私たちの避難場所 refuge となる。[5]

不眠と睡眠の対立を主体生成の場とするということは、認識し思考する意識とは異なる視点で主体を語ろうとするということでもある。デカルト以来、思考を軸に主体を考えてきた西欧哲学に対する反逆である。意識はむしろ睡眠によって可能になる二次的な現象として扱われる。[6]不眠のなかでの主体の喪失と、睡眠における身体感覚の安定と安心感との対比が問題になる。睡眠は土台、安全地帯を形成するのだ。レヴィナスにおける場所、「ここ」とは知覚空間のなかで身体が占めるゼロ点のことではなく、身体が眠りに落ちる出来事という経験上の特異点のことである。

精神疾患と「ある」

身体にまとまりをつけて支えるシェルターとして、睡眠という主体生成は捉えられている。逆に不眠では、そのような支えと囲いを失って内と外の境がなくなり、主体がばらばらに消失する。

不眠における自己破壊は、イギリスの小児科医・精神分析家であり、卓越した臨床家として知られていたウィニコットが言語獲得以前の乳児の重篤な外傷体験と大人の精神病の危機的状況について破綻 breakdown と呼んだものと構造上は一致する。言語を獲得する前の乳児が母親の喪失などの外傷体験によって対人関係の支えを脅かされるとき、体がばらばらになり、落ち続け、方向性を失う感覚を持つ。極度の眩暈である。そしてこの感覚そのものは後遺症として持続することを、ウィニコットは多くの子どもや大人の臨床事例の分析で示した。不眠と「ある」は精神疾患における主体の解体の体験と通じ合うのである。『実存から実存者へ』とウィニコットを並べて引用してみる。

> 定立〔＝主体生成〕の対立項は宙に浮かぶ何らかの主体の自由ではない。そうではなく主体の破壊、主体生成hypostaseの解体である。それは動揺émotionのなかで告げられる。〔…〕動揺は実存ではなく主体の主体性〔主観性〕を問いに付す。動揺は、主体がまとまり、対処し、何者かであらんとすることを妨げる。〔…〕動揺は、土台を失いながらも立ち尽くす仕方である。動揺は根本において、そこに染み込んだ眩暈であり、虚空の上にいるということである。諸形態の世界は〔そのとき〕底なしの深淵として開かれる。コスモスは砕けてカオスつまり深淵、場所の不在、「ある」をぽっかり開く。(7)

次は、乳児が対人関係の支えを失ったときに生じる極度の外傷体験と、かっこのなかは大人になってもなお残る後遺症としての「防衛」についてウィニコットがまとめた記述である。

> （1）まだ統合されていない状態への逆行〔防衛：解体〕（2）落ち続けること〔防衛：自分を抱え込むこと〕（3）心身融合の消失、〔身体に〕宿ることの失敗〔防衛：離人〕（4）現実の感覚の喪失〔防衛：一次ナルシシズムの過度の開発〕（5）対象〔＝愛着する他者〕と関係する能力の消失〔防衛：自閉状態、自己現象にだけ関わる〕、等々(8)

このような眩暈に瀕したとき多くの人は解離症状によってシャットダウンして解体を回避する。次にハーマンの『心的外傷と回復』を引用してみる。レヴィナスの記述は時にはっきりと解体と「ある」を分節しないが、解体に対する防衛として「ある」が機能することがわかる。

別のレイプ後を生きる人の言葉を借りれば、「私は叫び声を立てられなかった。身動きできなかった。私は麻痺させられた〔…〕、ぬいぐるみの人形のように——。」／こういう意識の変化が外傷後ストレス障害の主要症状の第三である狭窄 constriction すなわち麻痺 numbing の中心にある。危険から逃れられないと言う状況は、時には、ただ単に恐怖と怒りを誘い起こすばかりではない。逆説的であるが、超然とした心の平静さをもたらすのであり、恐怖も怒りも痛みもその中にとけ込んでしまう。意識は事件を記録し続けているが、その事件なるものが通常の意味から切り離されているかのように記録するのである。(9)

あるレイプ後生存者はこの切り離された状態をこう記している。すなわち「私はその時点で私の身体を離れた。私はベッドの側に移って、起こっていることを見つめた。〔…〕私は孤立無援感から解離した。私は私の側に立っており、ベッドにいるのはただの抜け殻であった。平板な感覚だけがあった。私はただそこにいた。私が部屋の中を絵に描きなおしたときにはベッドから見た絵を描いたのではない。私はベッドの横から描いたのである。私が見つめていたところからの構図である。」第二次大戦の戦闘参加帰還兵も似た体験を述べている。すなわち「第四中隊の大部分のように、私も感覚がしびれていた。本当の解離状態であった。この状態に（…）我々は〝二千光年の眺め〟という名をつけていた。それは麻酔をかけられたような無感覚な見つめ方で、自分のことなどどうでもよくなった男が大きく目を見開いたままでいるのであった。私はまだその状態にはなっていなかったが、麻痺は全面的なものであった。本当は私は戦闘の場にいたわけではなかったのかと思わせるような感じだった(10)。」

麻痺した状態で外界とも他者とも関係を持つことができない抜け殻、これらは「ある」の描写ともなりうる。外傷体験時の解離もまた「ある」の一例となるのだ（「ある」そのものは形式的な基本構造なので、解離だけでなく様々な病理に適用できる。疾病分類の手前の基礎である）。睡眠という場所、安全地帯の発生に対して、「ある」、不眠とは場所の不在であり、かつ主体が住みつく空間がない状態である。具体的には眩暈として生じる場所の喪失のことである。レヴィナスはこの喪失を解体と呼び、ウィニコットは喪失を隠蔽する症状を解体と呼んだ。

睡眠として主体の発生を定義するというのは、このような外傷や精神病的な解体から逃れるということなのである。初期のレヴィナスがすでに直面していたのはあらゆる人がこのような精神病状の解体を可能性として抱え込んでいるということであり、私たちの主体とは一般にこのような解体からの脱出としてなのだということであり、経験的な精神疾患はその一例なのである。先回りすると、『存在の彼方へ』でのレヴィナスは、まさに解体の水準で主体を定義することになる。

2——安全地帯としての主体——『全体性と無限』

享楽と「ある」からの分離

『実存から実存者へ』は、不眠〈対〉睡眠における主体生成という単純な構図で議論が組み立てられていた。そこではシンプルであるがゆえに病的不安〈対〉安心感という根本のモチーフがクリアに提示されていた。この議論を受け継いだ『全体性と無限』は逆に様々な要素が絡み合う複雑な「体系」を形成する。そのなかで住居概念が無意味な病的経験と健康で有意味な経験とを隔てる要の位置にくることになる。この住居という安定装置ゆえに、『全体性と無限』においては主体の病的な側面は隠蔽されている。

倫理的な主張に目が行きがちなので住居概念は目立たないが、しかし『全体性と無限』の構成上重要である。享楽と「ある」を中心とした前言語的な体験と、言語を前提とする倫理的関係や労働とのあいだに挟まって、これらを連絡する境界を示すのが住居である。「ある」という非人間性に対して、住居は人間的な経験が成立する最低限の限界線を示すのだ。

住居はまず『実存から実存者へ』を受け継いで、「ある」からの距離を可能にする安全地帯のことを指す。ただし、『全体性と無限』では享楽という契機が導入されていることで少し複雑になっている。

このように、行為が自らの活動性そのものを糧にするその仕方、これがまさに享楽である。パンによって生きるというのは、パンを自らに表象することでもないし、パンに対して行動することでもないし、パンによって行動することでもない[11]。

享楽とは人間のあらゆる活動にともなう快のことである。何をするにしても、そのこと自体を楽しむ契機が人間にはあるとレヴィナスは考えている。おそらく収容所から帰還したレヴィナスにとって、日々のあらゆる小さな出来事や活動が大きな快をともなうものとして発見されたであろう。

享楽はハイデガーの世界論を拡張する意図を持つ。ハイデガー『存在と時間』によると、世界とは道具と行為のネットワークが形成する「生存のために行為をする」という目的論的な秩序である[12]。つまり行為は何かの役に立つことが大事であり、行為それ自身とは別の目的（生き残ること＝存在）のために行われる。ところがレヴィナスはどんな行為でも、生存という遠い目的とは別に、それ自体のなかに快楽があると、付け加える。行為は何らかの目的を持つがゆえに意味を持つだけでなく、それだけで快楽を持つものとして価値があるのである。

「ある」だけではなく、社会制度という全体性もまた主体の個別性を抹消する暴力なのだが、享楽はつかの間両者の暴力からの距離を作り出す個体化の運動でもある。たとえば、社会関係のなかで強い不安に呑み込まれていても、鳥の声に耳を奪われる一瞬のあいだ私たちは不安を忘れる[13]。

このとき享楽はもう一つの側面を持つ。道具的な行為が持つ社会・言語構造をかっこに入れる。楽しんでいる瞬間は快楽だけが問題になるので、どんな社会的な文脈のなかにあるかは問題ではない。つまりすべて社会化・言語化されている人間の世界にあって社会性以前の水準と時間秩序の背後の「生きる」という水準が顔をのぞかせている現象、これが享楽なのである。このとき世界は道具と行為や社会制度のネットワークではなく、生《なま》のエレメントとその享楽として姿を現す。

ここから享楽と「ある」の関係が見えてくる。社会秩序（道具と行為のネットワーク）は、「ある」を隠蔽する安定装置でもある（フロイト風に言うと現実原則）。逆に言うと社会秩序を無効にした享楽の水準とは、このような安定装置が存在しない状態でもある。つまり享楽それ自体はたとえ快楽であってもはかないものであり壊れやすい。絶えず「ある」が顔をのぞかせることになる(14)。

初期のレヴィナスに比べると組み立ては少し複雑になっている。『実存から実存者へ』では主体生成は睡眠というシンプルなプロセスであった。『全体性と無限』では享楽と住居という二段階に主体生成が分けられている。生きているという実感と主体の「今ここ」の生成は享楽の瞬間に求められ、不安を遠ざける安心感の設定は住居の側に求められるのである。享楽は「ある」と裏表になって点滅するが、住居は「ある」からの位相的な距離を作り出すのである。

住居と母性

鳥の声がもたらした一瞬の快楽はすぐに消え去り、再び不安におびえることになる。「ある」と享楽との戯れを遠ざける水準として、安全地帯としての住居が設定されることになる。

〔家〕は大地と光の大気の、森の、道の、海の、河の匿名性から身を引いたところに位置している〔…〕。〔…〕住居を起点として、〔主体という〕分離した存在は、環境 milieu に浸った自然的な実存と袂を分かつ。安心感もなく縮こまった環境の享受が、〔ハイデガー的な〕気遣いへと転換するのだ[15]。

主体生成が享楽と住居という二つの水準に分割されるにともなって、議論に重要な変化が生じる。住居の水準の主体は、ある種の対人関係を前提することになるのである。『実存から実存者へ』の主体生成は、独りの睡眠のなかで達成されるのであり、最終章でエロス的な他者が導入されるものの主体生成の構造のなかには組み込まれていなかった。しかし経験上も子どもの睡眠は養育者の存在を感じて安心するところでのみ可能になる。そして健康な夢には誰かが登場する。睡眠もまた、対人関係の安定を前提とするのである。睡眠は安心感を前提とする。睡眠という主体生成 hypostase が可能になるためには、潜在的な対人関係の安定としての住居が必要になる。

〔家が〕所有されるのは今すでに家はその所有者を歓待するからだ。そのことは家の本質的な内面性へと、あらゆる居住者に先立って家に住む居住者へと、卓越した迎接する者へと、すなわち迎接する者その者である、女性的存在へと送り返す[16]。

住居という安全地帯は、「女性的な存在」「女性的なもの」によって囲い込まれ支えられることで成立する。ただしレヴィナスは「女性」とも「他者」とも言わない。『全体性と無限』のなかで初めて登場する他性は住居を守る女性的存在なのだが、具体的な人物ではない。住居というものが持つ迎え入れるという性格が暗示する〈機能〉のことを、レヴィナスは女性的存在と呼ぶ。この点、顔とは異なる扱いを受けている。

人格として名指しされないということ、潜在的な存在にとどまるということは、この女性的存在が構造として作動するということを意味している。具体的な人が住むよりも前に「住みついている」安心感を与える構造・機能である。この構造が具体的な母子関係や夢のなかの人物として具体化する。構造としての〈他への関係〉が、主体の成立そのものだというのである。

これは発達心理学における議論を思い出させる。子どもは、養育者との身体的な関係のなかで安心感を獲得する。誰によって育てられるにしても、この養育者による密な身体的接触がないところでは子どもは健康に育つことができないし、そもそも生存すら危うい。しかしながら子どもは次第に独立してゆくし、反対に人格として独立できないときにはときに精神疾患のリスクすら持つ。[17]ある程度成長した子どもは独りでも安心感を維持できるようになるが、精神分析によれば、子どもが自立するとともに母親という対象を「内在化」するからだという。[18]幼少期に愛着をしっかり持てなかった子どもは、そのあと自立することもできない。つまり主体の構造として「母」を形成したとき、子どもは不安を克服する強さを手に入れるが、自立しないと（母も含めて）他者と出会うことができなくなる。この母親の内在化は、別に血縁上の実の母親ではなくてもよいのであり、養育関係が環境に安定して存在すればよい。具体的人格ではなく構造が問題になるからこそ、レヴィナスはこの「女性的なもの」が生物学的な性別とは関係のないものだという注意をする[19]。

このあと後期のレヴィナスは住居の概念を捨てるのだが、それは、この構造としての安心感の基盤を捨てるということである。そしてこれは健康な主体が前提とするはずの安心感をもてない病的な状態のただなかで、なおも主体を見出そうとしてゆくという態度を反映している。そして『全体性と無限』では、非人称なものへの吸収に対抗するために何とかして安全地帯を確保する努力をしていたのである。中期と後期の転換点に位置するがゆえに、このことは重要である。住居概念は以後用いられなくなるが、誤りだったからではないであろう。安心感としての主体という水準から、外傷や疾患に曝されて安心感の構造を失った状態でなお主体を見出そうとしたから住居はもはやないのである。場所を失った主体は非場所 non-lieu となる。

3──壊れる主体──『存在の彼方へ』

安全地帯は存在しない

レヴィナスは前期には睡眠を、後期には不眠を主体の核に据えた。安全地帯を核として居住可能な世界を作り上げ、外部の脅威に対抗するという構図を持つ『全体性と無限』までの議論に対し、後期のレヴィナスは安全地帯を捨てる。全体性の暴力に対抗する安全地帯を確保することは難しい（第7章1）。この自覚を出発点として後期は概念装置から文体、方法論に至るまですべてが変更されることになる。

方法上は『全体性と無限』の形而上学的な構成が消えて、フッサール現象学の記述方法へと回帰するように見える。おそらく安全地帯を前提としていた『全体性と無限』は、世界のなかに事物や人が実在するというところを出発点としているがゆえに経験的なモチーフを前面に立てて記述を行っていた。記述のモデルがハイデガーの『存在と時間』とヘーゲルの『精神現象学』という神話的な世界観を提示する二つの書物に取られたのである。

後期においては世界の安定はもはや存在しない。そして視点の重心が、世界内に実在するモチーフではなく、対人関係の作動のただなかに移動する。経験的記述と超越論的記述が同居するのはこれまでのとおりだが、現象の運動そのものを追う現象学的な視点へと移行する。

以上のような変化は彼の思想全体の布置の変化をともなっている。以前は安心感と睡眠の可能性として主体が定義されていたのであったが、後期においてはすでに起こってしまった外傷と逃れがたい不眠のただなかで主体が定義されることになる（「不眠」は『全体性と無限』では「ある」に言及するときに一度使われるだけである。『存在の彼方へ』では九回出現する）。通常の意味での主体生成が不可能であるような病的状態において、あえて主体を見出そうとするのである。

眩暈と解体——安全地帯の破壊としての主体

不眠として主体を定義するということは、単なる比喩ではない。視点をおく位置は変化しているが、やはり後期でもレヴィナスの概念は経験の水準と超越論的構造の並立という二重読みをする必要がある。外傷や不眠を出発点とするということは精神疾患を主体の出発点とすることでもある。

不眠はもともとは「ある」の切迫にともなう状態であった。「ある」は分節を失った世界の切迫である。と同時に、不眠は他者へと関係を結ぶことができないまま曝されている状態をも示していた。不眠とは、他の人と関わる可能性が絶たれた状態であり、主体が破壊される状態だ。不眠として主体を定義することは、主体が壊れる病的状態そのもののなかで主体を発見しようとする、危機に対するギリギリの対処法である。安定した主体を前提とする哲学は、すでに起きてしまっている外傷を前にして無効である。喪失と罪障感に押しつぶされないためには、この外傷のただなかで主体を見出す論理が必要なのだ。これが他者全体のために身代わりになる私という妄想状の論理の一つの側面である。

『存在の彼方へ』もまた二者関係を語る。『全体性と無限』の住居概念は母性的他者を含意した。しかし『存在の彼方へ』では主体のほうが「母性 maternité」あるいは「同のなかの他者 l'autre-dans-le-même」として他者を含み込む。母子関係における愛着よりも、妊娠出産における母体の苦痛が経験的なイメージを提供する。『全体性と無限』の住居概念は愛着によって守られる状態だったが、『存在の彼方へ』の主体は傷つきやすさ・外傷として定義されることで愛着の破綻を起点としている。

『全体性と無限』まで主体を守っていたバリアが壊れた状態では、事物的な非人間化の暴力が主体内に侵入し、あるいは他者と私とを隔て個別化する人格という装置もなくなる。世界も他者も侵襲する異物として入り込んでくるのである。原文が破格の文章なので読みづらくなるが、あえてできる限り直訳する。

しかしすぐさま、感受性〔＝享楽〕の脈動である不完全な幸福の「核の解体」。現在を再発見する営為の彼方での、〈自我〉と自分自身との不一致・動揺・不眠。私を苛立たせる苦痛、あるいは眩暈のなかで私を深淵のように引きつける苦痛。この苦痛は、即自や対自として定立された自我が自分を傷つける他者を「引き受ける」ことを妨げるが、ある種の志向的運動のなかで、このような傷つきやすさにおいて同に息を吹き込む他者の転倒〔同のなかの他者〕が、すなわち苦痛、無意味による意味の凌駕が生じる。それゆえにこそ意味が無意味を過ぎ越す。意味すなわち他者のための同。〔…〕（そこにおいて〈自我〉の核が核となる）享楽の核の解体[20]。

核の解体 dénucléation（nucléation は物理学用語で「核生成」）というレヴィナスの造語が、確固たる核をもつ主体を論じた『全体性と無限』との違いを端的に示す。引用の最初と最後が示す通り、自己を定立する核が解体することこそが主体の定義となる。『全体性と無限』では享楽と住居を通して核を作ることとして主体が考えられていた。『存在の彼方へ』では核と核を支える土台がなくなることが主体である。眩暈こそが主体なのである。レヴィナスは、精神疾患の患者だけでなく誰もがこのような経験を構造上の土台として持っていることを発見し、こういう土台があるがゆえに精神疾患という現象も可能になることを示した。

4――他者性としての「ある」――レヴィナス哲学の最深部

さて、『存在の彼方へ』は、その末尾に「外へ」という奇妙な題を持つ章を置いている。他者が私のなかに侵入し、内側に向けて押しつぶされるようなそれまでの記述に代わって、主体が空気のなかに拡散し、雲散霧消するような世界が描かれる。このとき底が割れて、深淵を垣間見る。晩年の芥川を読むような空虚な恐ろしさに近い[21]。芥川の『或阿呆の一生』から一節引く。

彼は大きい檞《かし》の木の下に先生の本を読んでゐた。檞の木は秋の日の光の中に一枚の葉さへうごかさなかつた。どこか遠い空中に硝子の皿を垂れた秤が一つ、丁度平衡を保つてゐる。――彼は先生の本を読みながら、かう云ふ光景を感じてゐた。……[22]

前節では、主体の構造そのものに解体の可能性が組み込まれていることを発見した。この発見はさらに踏み込んだ帰結に至る。極度の〈解体した主体〉は、その帰結として、外傷を隠蔽する〈症状としての主体〉をも形成する。レヴィナスが見出した主体の構造の最下層を以下で議論する。これは彼の最も難解な部分であり、いったん飛ばして第7章に進み、あとから振り返って頂いてもよいかもしれない。

おそらくレヴィナスにおいては狂気が二つの方向性から登場する。一つは苦痛を出発点として主体を作る方向だった。極度の苦痛は、他者のために苦しむという形になったときに意味を生み出し、再び主体の出発点となる。これが前節の結論だったが、第7章1でメシアニズムとの関係から論じ直すことになる。この方向では統合失調症で出現する迫害妄想や誇大妄想と類似した、世界の苦痛や罪悪を一身に背負い込むという構図を取る。そもそもレヴィナス自身が妄想という言葉を用いる。倫理という妄想とは、解体としての主体に耐えるための装置なのだ。

以下ではもう一つの方向性を議論する。これは「ある」の無意味を意味へと反転しようとする方向である。具体的には他者との関係が不可能になったときに、これを他者との関係へと反転しようとしたとき、ある種の精神疾患の症状と似るのである。

他者の欠損としての空間

出発点となるのは、「ある」が他者性の全重量と同一視される場面である。

「ある」の不条理は、他者のための一者の様態として、堪え忍ばれた不条理として、意味する。〔…〕「ある」とは、他者性を基づけることのない主体性によって堪え忍ばれた他者性がのしかかる全重量である。(23)

「ある」が他者性と同一視されるというのは驚くべき表現である（さらに別のテキストでは神と「ある」が同一視されもする）(24)。しかし本書では第3章3ですでに、『実存から実存者へ』で、死体と幽霊という形で「ある」と他者が接近する場面を論じた。そもそも「ある」の定義で、レヴィナスがすでに事物だけでなく人一般を否定している（「すべての存在、ものや人の無への回帰を想像してみよう。」(25)）。ただし、一九四〇年代当時のレヴィナスは他者の欠損そのものを主題化することはなかった。他者の欠損はあくまで、「ある」（幽霊）のネガにとどまる。欠損が具体的に論じられるのは一九七〇年代になってからである。

『存在の彼方へ』の終章「外へ」でも、「ある」は欠損そのものではなく、欠損の空虚を埋める何かであるという一九四〇年代の定義が維持されている。ただし、新たに「ある」がそれを埋めるところの空虚が「空間」と名づけられる。

空間の空虚が見えない空気によって満たされているということ（風の愛撫や嵐の脅威であったにせよ知覚に対しては隠れていて、知覚されることはないにもかかわらず、私の内面性の襞に至るまで私に浸透している）、この不可視性、あるいはこの空虚が呼吸可能あるいは恐ろしいものであるということ、この不可視性が、無関心に済ますことができるようなものではなく、あらゆる主題化に先立って私に取り憑くということ、この単なる雰囲気ambianceが場の気分atmosphèreとしてのしかかるということ〔…〕これが苦しむ〔…〕主体性を意味する。[26]

「ある」すなわち「空気」も、空気が満たす容器である「空間」と同様不可視であるが、欠損としての空間を埋めるものである限り、空間自身とは区別される。この文章では、かつてのように「ある」ではなく、[27]空間への暴露の方が「恐ろしいもの」である。ここでは「ある」（空気）から、空気の容器である空虚な空間へと視点が移行している。

「ある」のなかで麻痺の受動性におかれた状態の背後には、空虚に身を曝すことで「苦しむ主体」が控える。たとえば精神疾患の症状が「ある」、症状の背後に隠れた主体の解体が空間・空虚にあたる。「ある」が隠蔽していた極度の外傷の水準がここでは暗示されている。ここでは対人関係と主体が不可能になる完全な外傷のようなものが暗示されている。空間を「ある」によって隠蔽される否定性そのもの、（それ自体は体験も了解もできないがしかし生じてしまった）破壊的な現実である。「空間の空虚」とは、人も物も、「ある」すらない空虚であり、レヴィナスが垣間見た深淵である。

純粋な呼びかけとしての空間

しかしレヴィナス自身は対人関係の完全な不可能性、つまり回復不可能な解体としての空間のことを狂気とは呼ばない。むしろ解体を隠蔽する症状の方を「狂気」と呼ぶ。対人関係の完全な不可能性という破綻を避ける装置として、「「ある」の切迫は実は他者による迫害である」という妄想状のロジックが導入される。

レヴィナスが「狂気」と呼ぶのは迫害妄想症状の構造のことである。一例を挙げる。

引き受けられることのない、包摂されることのない外傷的な唯一性。すなわち迫害のなかでの選び[28]。

概念から外れた唯一性、狂気のかけらとしての心、すでに精神病である心。何らかの〈自我〉ではなく、〔他者による〕召喚のもとにある私[29]。

逆説的ではあるが、外傷や解体が「妄想症状」で隠蔽される瞬間に反転が起こる。ここで他者の不可能性が、他者性の重みに反転する。迫害妄想によって他者の可能性が確保されることで、他者の不在という破局は回避される。このとき災厄そのものが主体化の場となる。

レヴィナスはこうして他者不在の空虚を、（具体的な他者がいなくても生じる）純粋な対人関係の可能性へと転換しようとする。

　しかし空間の意味は透明さや存在論で汲み尽くされるのだろうか。〔…〕他の意味を持つのではないだろうか。なにがしかの出発の痕跡、回収不能な何らかの過去の影〔…〕。[30]

「空間の意味」として列挙された「なにがしかの出発の痕跡」と「回収不能な何らかの過去の影」は、それぞれ〈無限の痕跡〉と〈隔時性〉、すなわち対人関係の基本構造を意味している。つまり純粋な外傷としての空間は、対人関係を生じさせる場（＝無限）でもある。個々の他者が不在になったときに、対人関係の構造のみが浮き彫りになる。対人関係が不可能になった外傷が、対人関係の場へと変換される。このとき症状としての「狂気」が要請される。[31]「精神病」は外傷から脱却するために必要な装置なのだ。

「ある」は欠損した他者を隠蔽する。そのため「狂気」こそが欠損したはずの他者を発見し、意味すなわち対人関係を保証する。「狂気」に直面したときに対人関係の可能性が浮かび上がってくるのである。第3章3ですでに見たとおり、「ある」は事物的存在者や経験の諸カテゴリーの欠損であるだけでなく、対人関係の欠損を隠している。とすると空間とは、具体的な他者が誰もいなくなってもなお残る〈純粋な呼びかけ〉を意味することになる。「ある」はこの潜在的な他者を隠してしまう。他者を浮き彫りにするためには「妄想」が必要である。このとき「治癒」のために、逆説的ながら迫害という「狂気」が必要になる。レヴィナスは「〔…〕

狂気がなければ、〔…〕受難のさなかに存在すること〔=「ある」〕が再開してしまうであろう。[32]」と書いている。

確固たる主体によって暴力に対抗することをあきらめたレヴィナスは、外傷と苦痛のさなかで「狂気」を用いてまで対人関係の可能性、ひいては主体の可能性を見出そうとするのである。先ほどの引用の続きで議論はさらに先に進む。

そしておそらくこれらの意義以前に、空間の開けは何物が何物を覆い隠すこともない外、非保護、ひだの裏側、宿無し、非世界、非居住、安全の欠如した広がり、を意味している。[33]

この引用は「ある」が隠蔽している背後の空間の記述である。非場所 non-lieu という語は、対人関係のなかでの主体の同義語である。この引用では単なる対人関係の欠損ではなく、（たとえ具体的な他者が不在であっても）他者に曝されていて逃れることができないということを語っている。呼びかけの場としての空間は、経験的な他者の現前や不在とは関わりなく作動している。つまり対人関係の喪失も他者からの呼びかけの一様態なのであり、対人関係の可能性と不可能性をともに包括する次元が「空間」と呼ばれるのである。

このとき「ある」における麻痺の受動性から、他の人に呼ばれているという受身の受動性へと転換する。「「ある」の匿名的なざわめきの背後から、主観性は受容に転ずることのない受動性に達する[34]」。「ある」の「背後」、つまり欠損の空虚としての空間への暴露とは、一方では能動性が不可能になるような状態である。外傷的な受動性・麻痺の体験である。この受動性が対人関係の受動性にスライドする。「受容不能な受動性」は他者から呼びかけられている状態としてレヴィナスが多用する表現である。

空気のなかに主体が拡散してゆくような状態を私たちははらんでいる。しかしそれは健康な場合にはあくまで潜在的な構造にとどまるのであって、現実化するわけではない。具体的な他者と関係を結ぶことが不可能になってしまった状態で、潜在的な呼びかけの構造が残るとき、中安信夫が統合失調症の初期症状の一つとして「漠とした注察感」と呼んだような現象が起こるであろう。[35] 他者性としての「ある」は、健康な対人関係を背後で支える仕組みの露出であるとともに、精神病症状の構造を規定すると考えられる。逆に言うと他者不在の状態でそれでも「漠とした注察感」として他者による呼びかけの可能性を見出すことで、レヴィナスは対人関係を作り直す可能性をみてとっている。それゆえ彼において狂気はむしろ対人関係と意味の可能性そのものである。

まとめると、

(1) 空間は呼びかけの場である。具体的な他者がいなくてもよい。
(2) そのため空間は、対人関係の欠損という外傷も内包する。
(3) 対人関係の欠損が対人関係を可能にする潜在的構造を露出させる。つまり「空間」は欠損という病的な状態であるが、対人関係の構造そのものをあらわにするため、健康な経験の背後で構造として常にすでに作動している。

『全体性と無限』の記述が無効になったというわけではない。『全体性と無限』が示した安全地帯としての主体の背後の深層には、外傷の可能性が隠蔽されており、『存在の彼方へ』で描かれるような精神病の水準をもっている。表層にとどまる限りは『全体性と無限』も有効なのだ。ただし一点注意したいのは、私自身が心的外傷と統合失調症を連続させたいわけではないということだ（現代の精神医学の知見では両者は区別される）。問題になっているのは、重度の外傷にも内因性の統合失調症にも共通な〈主体の解体〉という契機であり、経験的な外傷の有無にかかわらない主体の側の傷つきやすさ vulnérabilité である。これをレヴィナスは主体の「核の解体」と呼んだのだった。

結局のところ、『全体性と無限』が住居として論じた安全地帯とは、「ある」に侵食された主体という人間の条件を隠す防波堤である。いずれ安全地帯は壊れる。それゆえ『全体性と無限』はメシアに助けを求める必要があった。

しかしながら実はそもそも私たちはすでに傷ついている。バリアが無効になった水準に身をおいて経験を眺めてみると、主体とは殻に守られた実体（核）ではなくなる。むしろ侵襲へと曝されることにおいて主体を見出す必要がある。「ある」すらも最下層ではなく、その背後に空間＝他者の欠損という真の解体が隠されている。他者の喪失のなかで主体を創りだすこと、これが『存在の彼方へ』の到達点であると思われる。外部が内部に侵入し、内部が外部へと拡散する状態、内と外との区別が無効になる状態、これが主体の定義になるのである。

〔主体は〕空間のなかで自らを開くが、世界内存在ではない。〔…〕顔の開けへの曝露、それは「自己自身」の脱‐幽閉、世界内存在ではない脱‐幽閉の持つ「さらに遠くへ」である。〔…〕空間として自らを開くこと、吸気によって自己への幽閉から自らを解放することはこのような彼方を前提としている。〔…〕他者性という、押しつぶすような重荷すなわち彼方。[36]

残る大きな問いは、もしも外部に侵食されて融解する不眠の状態が誰にでも当てはまる主体の定義だとすると、このような記述と実際の精神疾患は何が異なるのか、という問いである。仮に誰もが精神疾患の可能性を内包しているとしても誰もが発病するわけではない。精神疾患の状態は健康な人とはそうはいっても何かの違いがある。この違いはレヴィナスの議論のなかではどのように決定されるのだろうか。

5――超越論的な狂気と現実化した狂気

迫害としての主体は、統合失調症などにおける迫害妄想（と誇大妄想）の記述に見まごうばかりである（「迫害〔する〕」という名詞や動詞は『存在の彼方へ』で四十回以上使われる）。彼が好んで言及する『カラマーゾフの兄弟』の一節はこの迫害（誇大）妄想状の主体をよく示している。

「私たちの誰もが万人を前にして万人に対して罪を負っている、しかし私は他の誰よりも罪を負っている」とドストエフスキーは『カラマーゾフの兄弟』において書いている。[37]

「ある」もまた、破綻を隠蔽する「症状」である。「ある」は無化によって生じた空虚を埋める闇だと言われていた。第3章では存在の欠損と「ある」、死体と幽霊とが区別されていた。

「ある」という症状と、「身代わり」という妄想症状という二種類の症状があることになる。〈純粋な外傷〉あるいは〈潜在的な狂気〉という主体の基層を隠蔽していた「ある」の代わりに、真の主体化、真の高次の主体として妄想のような倫理を要請しているともいえる。「ある」という症状に対抗して、レヴィナスは「身代わり」（迫害妄想）という「肯定的な症状」で、対人関係と主体の破壊を反転する。破綻は、世界全体に対して責任を負うという妄想によってかろうじて抑え込まれる。レヴィナスは、病の核に対して形成される妄想症状の代わりに、妄想状の倫理を置いている。

　レヴィナスは、精神疾患の可能性がすべての人の主体の構造そのもののなかに書き込まれていることを示した。しかしレヴィナスが示したのは可能性の構造であって現実化した疾患ではない。レヴィナスの議論と実際の精神疾患の差異はどこにあるのであろうか。

　臨床事例から照らし返してみたときには、実際の他者と出会い、関係を結ぶことができるかどうかに差異があるように思える。レヴィナスが倫理と呼ぶ現象は、まさにこの実際の具体的な他者との出会いの可能性のことである。この出会いゆえに、レヴィナスの主体構造は疾患に至ることがない。他方で精神病の急性期には具体的な他者との円滑なコンタクトを失うと言われる。

　精神病圏の疾患は一般に、迫害妄想という形をとるにせよ、抑うつ的な想念、あるいは不安に満ちた想念という形をとるにせよ、あるいは極端な場合は幻覚やせん妄に閉じ込められるにせよ、急性期においては実際の他者とのコミュニケーションが円滑にとれていない。当事者研究やＷＲＡＰなどのピアグループあるいはオープンダイアローグは、相互の交流を回復することを意図したものだろう。

健康な人においては妄想状の構造を潜在的に用いて実際の他者との出会いを可能にする。病者においてはこの二つが乖離し、妄想状の構造が現実的に露出して対人関係を難しくする。

精神疾患における症状は、完全な破綻（狂気）において他者との関係が全く断たれる極限を回避するためのバリアとして、その「基本構造」を利用してたとえば妄想というシナリオを作り出している。妄想という仕方で、実際の対人関係の破壊を避けて幻想上の対人関係に退避することは、実際の対人関係の破壊のなかで完全に自己破壊することをかろうじて防ぐ。

これに対し、レヴィナスが描き出した〈倫理〉は、実際に他者と出会うための潜在的構造である。ある程度健康な場合は身代わり、絶対責任のようなレヴィナスの妄想的な倫理はそのままでは現実化しえないが、しかし現実の人間関係にも残響を残す構造である。それゆえにすべての人を貫く普遍的で超越論的な構造なのであり、かつこの超越論的な構造と具体的経験とのあいだの繊細な浸透が、〈倫理〉と呼ばれている。現実世界の倫理もまた、精神疾患と同様にこの「基本構造」としての〈倫理〉の経験的な痕跡の一つである。その意味で、レヴィナスが描き出した〈倫理〉とは、経験的な現実の背後で潜在的に作動し、疾患やある種の道徳的な状況で間接的に顕在化するような構造なのだ。これはおそらくは幼い時から離人感を持ち、ショアーをくぐり抜けたレヴィナスという哲学者が見出した極限の条件なのであろう。

まとめよう。もしも身代わりが主体の想念の水準にとどまってしまって実際には他者とコミュニケーションを取ることなく閉じたとしたら、そしてその一方でこの無限責任を実際に現実化するときには、これは病的な症状である。逆に言うと、他者への無限責任が現実化したときにはもはや実際には他者と出会えない。しかしもしも身代わりのロジックを、そのまま実現はできないけれども間接的に具体的な他者と出会う場面へとつなげることができるとしたら、このとき主体と対人関係は創設されうるのである。

（1）NP, 142、『固有名』百八十六頁。
（2）AHN, 98、『諸国民の時に』百三十九頁。
（3）EE, 112、『実存から実存者へ』百四十四頁。
（4）中井・山口（2001）、第4章。
（5）EE, 119、『実存から実存者へ』百五十頁。
（6）EE, 118, 120、『実存から実存者へ』百四十九、百五十一頁。
（7）EE, 121、『実存から実存者へ』百五十一－百五十二頁。傍点はレヴィナス、傍線は引用者による。
（8）Winnicott (1989), 89-90. 傍点は引用者による。
（9）Herman (1992)、『心的外傷と回復』六十二頁。
（10）Herman (1992)、『心的外傷と回復』六十二－六十三頁。
（11）TI, 114、『全体性と無限』上巻二百十三頁。
（12）ハイデガー『存在と時間』第十五節。
（13）古東（2011）を参照。
（14）TI, 150-151、『全体性と無限』上巻二百八十四－二百八十五頁。
（15）TI, 167、『全体性と無限』上巻三百十五頁。
（16）TI, 169、『全体性と無限』上巻三百十九頁。
（17）Pankow (1977/1983), 79-80.
（18）Winnicott (1958)
（19）TI, 169、『全体性と無限』上巻三百十九頁。
（20）AE, 105、『存在の彼方へ』百六十頁。傍点はレヴィナス、傍線は引用者による。
（21）内海（2008）
（22）芥川龍之介『或阿呆の一生』
（23）AE, 255、『存在の彼方へ』三百七十二頁。
（24）「〔…〕あたかも無限について観念があるかのようである、つまりあたかも神が私にとどまりうるかのようである。志向性なき覚醒〔…〕。」（DQVI, 51）〔以下はこの文に付けられた原注〕「私たちは「あたかも」のなかに非現象の、表象不可能なものの曖昧さあるいは謎を聞き取っている。すなわち、〈或る「余剰」が或る〈過小〉をかき乱すかあるいは息を吹き込むことで覚醒させる〉ことを証明するような、主題化に先立つ証言、「私のなかの神」の証言。そして、「ある」の解読できない痕跡、ざわめきの無意味。〔…〕まさにこのような無意味の瞬間において、不眠の観念は、意識の観念と区別されながら、一九四七年に出版された拙著『実存から実存者へ』のなかで登場した。」(DQVI, 51 note) この場合も、以下の本文の論旨で理解できる。

(25) EE, 93、『実存から実存者へ』百二十二頁。

(26) AE, 276、『存在の彼方へ』四百一頁。

(27) EE, 100、『実存から実存者へ』百三十頁。

(28) AE, 95,『存在の彼方へ』百四十四頁。

(29) AE, 222、『存在の彼方へ』三百二十三頁。

(30) AE, 275、『存在の彼方へ』四百頁。

(31) AE, 85、『存在の彼方へ』百二十九頁。

(32) 同前。

(33) AE, 275-276、『存在の彼方へ』四百頁。

(34) AE, 255、『存在の彼方へ』三百七十二頁。

(35) 中安（1990）

(36) AE, 276-277、『存在の彼方へ』四百二－四百三頁。傍点は引用者による。

(37) AE, 228、『存在の彼方へ』三百三十二頁。第2章注4にて既出。

第7章
メシアニズムを捨てて──信仰なき宗教について

自我に対する〈善〉からの召喚。すなわち、「神の死」を生き延びる関係。(『存在の彼方へ』)[1]

1──「メシア的テキスト」と一九六一年の転回

本章では『全体性と無限』から後期思想への転換点が、従来指摘されることが多かった一九六三年でも一九六四年でもなく、一九六一年であることを示す。この転換点においてレヴィナスはメシアニズムを捨てて前代未聞の宗教概念にいたったのだ。

レヴィナスは『全体性と無限』の頃まで歴史という概念そのものを強く批判するのであるが、特に一九八〇年代のユダヤ教論とタルムード講話のなかでむしろ積極的に歴史哲学を作ろうとした。そのとき、信仰を持たない宗教という奇妙な宗教思想を同時に形成する。

メシアを捨てる

まずレヴィナスがメシア(救世主)を捨てたというところから話を始めたい。

ショアーにおいて神がユダヤ人を見捨てたのではないか、という「神の沈黙」という議論がある。しかしレヴィナスはこの話題は明確には取り上げなかった。「神の死」という言葉を使うことはあるものの（『存在の彼方へ』では六回）それはむしろニーチェの文脈による現代社会の無神論の問題だ。次の『存在の彼方へ』からの引用のように神がユダヤの民を見捨てたということが一瞬問題になったように見えたとしても、それはすぐさま消える。この引用は非常に難解なのであらかじめ要約すると、「『存在の彼方へ』は私の救済を探求するわけではない。そうではなく、たとえ神が死んだとしても残る私の他者に対する責任のなかにこそ、聖性を見出そうとするのである」となるだろう。

この研究が取り出そうと試みている聖性は、何らかの救いの道を説教しようとするためのものではない（救いをもとめること自体は決して恥ずべきことではないが）。そうではなく他者の顔の最上級の抽象と最上級の具体性から出発してこの悲劇的あるいはシニカルな調子を理解しようと努めるためのものである。そして、神の死、人間の終わり、世界の解体についてのやむことのない言説のなかでもまさに隠されるにいたることのない人間に対する無関心の不可能性を理解しようとするためのものである。(2)

これから確認してゆく通り、彼は論理的な必然性から救済と救世主を捨てることになる。彼の思考は屈折しており、ショアーにおいてメシアが救いに来なかったことを問題にすることはない代わりに、メシアの到来のためにも災厄が必要であったのではないかというタルムードにおける逆向きの議論を取り上げる。メシアの到来に先立って全面的な破壊が起きるというタルムードの議論を二度にわたってレヴィナスは検討する（『困難な自由』所収の「メシア的テキスト」と『諸国民の時に』所収の「思い出を超えて」）。そしてこの二回の検討はいずれも救世主としてのメシアを否定するという結論にいたる。

あるいはキリスト教の神に対しては「なぜショアーを禁止しなかったのか」と問う。キリスト教聖職者との座談会のなかでもいらだちを隠さない。

あなたがたがホロコーストと呼び、私たちがショアーと呼んでいるものがここで到来します。まず申し上げなければならない第一の事実は、ショアーに加担した者たち全員が子ども時代にカトリックかプロテスタントの洗礼を受けていたということです。洗礼を受けながらも、彼らはそこに禁止を見出さなかったのです。(3)

ユダヤ＝キリスト教では歴史の終わりにメシアが神の使いとして到来して、悪をさばき、善の世界を実現してくれるという救済思想をもっている。善の世界が実現するメシアニズムを『全体性と無限』までのレヴィナスも支持している。しかし一九六一年に彼は〈私こそがメシアとなって災厄を被るべき〉であるという思想に移行する。

ただし注意が必要なのは、神への信仰さえもてば神が人間の罪を許してくれるというキリスト教の恩寵論（信仰義認論）をレヴィナスが強く退けることだ（人間に対する罪は人間が贖う必要がある）。つまりもともと神あるいは神の使いのメシアが人間を助けるという発想は薄い。神はあくまで人間を正義へと教導するものなのである。

先ほどの座談会から再び引用する。

いいですか。今の私には、〔イエスの〕無防備なるものを了解することはもはやできません。アウシュヴィッツが起こってからというもの、それは不可能になったのです。アウシュヴィッツで起こったことの意味について、私はしばしばこんなふうに考えます。善き神は愛を要請してはいるが、この愛は神の側からの約束を何ら伴わない愛にすぎない。どうしても、ここまでつきつめて考えざるをえないのです。アウシュヴィッツの意味、それはなんの約束もない、全く無根拠な苦しみであるかもしれません。しかし、ここで私はうなずくわけにはゆきません。善き神にとってのみならず、人間にとっても、この苦しみはあまりにも高くつくものなのではないか、と私は考えてしまうのです。(4)

レヴィナスがキリスト教を批判するのは、ユダヤ人の虐殺までもがイエスの受難の名において了解されてしまうからである。そのように了解されたとき、犠牲者の死はイエスを崇拝する信仰史の一挿話になって正当化されてしまうであろう。

レヴィナスが神の沈黙の問題を取り上げないという問題はそれ自体考えるべき大きな含蓄を持つ主題である。ここで逆に神の沈黙を取り上げたユダヤ人の側の例を取り上げてみたい。アウシュヴィッツを生き延び、レヴィナスとともにシュシャーニにタルムードを学んだエリ・ヴィーゼルの小説『夜』のなかの、収容所でテロを企てたユダヤ人とともに子どもが絞首刑になる場面を引用する。

三人の死刑囚は、いっしょにそれぞれの椅子にのぼった。三人の首は同時に絞索の輪の中に入れられた。

「自由万歳!」と、二人の大人は叫んだ。

子どもはというと、だまっていた。

「神さまはどこだ、どこにおられるのだ」。私のうしろでだれかがそう尋ねた。

収容所長の合図で三つの椅子が倒された。

全収容所内に絶対の沈黙。地平線には、太陽が沈みかけていた。

〔…〕

三十分あまりというもの、彼〔子ども〕は私たちの目のもとで臨終の苦しみを続けながら、そのようにして生と死とのあいだで闘っていたのである。そして私たちは、彼をまっこうからみつめなければならなかった。私が彼の前を通ったとき、彼はまだ生きていた。彼の舌はまだ赤く、彼の目はまだ生気が消えていなかった。

私のうしろで、さっきと同じ男が尋ねるのが聞こえた。

「いったい、神はどこにおられるのだ。」

そして私は、私の心のなかで、ある声がその男にこう答えているのを感じた。

「どこだって。ここにおられる――ここに、この絞首台に吊るされておられる……」

その晩、スープは屍体の味がした。(5)

この引用においては「神の死」という思想は「苦しむメシア」に変換される。メシアが迫害されたものを助けるためにやってくることはないとしたら、迫害されたものこそが神あるいは神の使いとしてのメシアである。『困難な自由』でも、「彼〔メシア〕の名は「ラビの学校の癩病患者である[6]」」と言われる説が登場する（後述）。しかしレヴィナス自身はこの思想よりも先に進む。

中期から後期への転回、すなわち『全体性と無限』から『存在の彼方へ』への転回は一九六一年に生じた。第5章で論じたように、レヴィナスは一九六三年に「他者の痕跡」という論文を発表し、現前することのない〈無限〉の痕跡として他者との関係を描いた。概念上はここが後期の出発点である。そして一九六二年に準備されたと思われる「メタファー論」の草稿においてすでに、彼はメタファーの持つ間接的な性格のなかに倫理の要点を見出そうとしていた。ここには他者の現前性を主張した『全体性と無限』とは異なる響きがある。本書ではさらに遡って、一九六〇年と一九六一年にユダヤ知識人会議で口頭発表された「メシア的テキスト」の議論の途上でレヴィナスの立場が変化したと主張する。

「メシア的テキスト」はレヴィナスがユダヤ知識人会議で行った最初のタルムード講話の記録である。第一、二節は「メシアの時間と聖書の時間」という題で一九六〇年に口頭発表された。後半の第三から六節までは、「あるタルムードのテキストによるメシアニズム」という題で一九六一年に第四回のユダヤ知識人会議で発表された。そして前半の題にある「メシアの時間」とは、ちょうどその頃執筆していたはずの『全体性と無限』の本文末尾に唐突に登場する概念でもあるので、これを引用してみる。

真理は、〔世代による〕無限の時間と同時に真理が封印されるような時間、すなわち成就した時間を要請する。時間の成就は死ではなく、そこで〔世代という〕無際限の時間が永遠へと転換するメシアの時間である。メシア的な勝利は純粋な勝利である。無限の時間は悪の回帰を妨げないのだが、メシアの時間は悪による復讐から守られている。このような永遠は時間の新たな構造であろうか、それともメシア的な意識の極度の覚醒であろうか。この問題は本書の枠組みを超える。(7)

「メシア的な勝利は純粋な勝利である」、つまりもはや悪が回帰することがないようなユートピアの実現である。『全体性と無限』で「分離」と名づけられた全体化の暴力から逃れる運動は、暴力に対する勝利を保証する理念的な審級を必要とした。しかしながら『全体性と無限』ではこのメシアの時間がいかなるものであるかは全く議論されていない。メシアは歴史の外部から到来し、人類を救済する。これを具体的に議論できない理由の一つは都合のよい「機械仕掛けの神」のようにみえるからであろう。

実はレヴィナスは、同時期に準備された「メシア的テキスト」前半部でこのメシアの時間を練り上げようとした。「メシア的テキスト」前半部（第一、二節）は、メシアの時間の具体像を明らかにしようとする試みである。特にメシアの世界の定義と、メシアの到来のための先行条件が検討される。つまりメシアの到来のためには人間の努力が必要なのか、それとも無条件にメシアは到来するのかが問われる。タルムードに登場するラビたちの立場は様々であり、この収斂することがない多様さをレヴィナスは重視するため彼自身の立場ははっきりしないが、おそらくメシアの無条件的な到来という立場を支持しているようにみえる。いずれにしても「外部から到来する出来事[8]」、「外部からの介入[9]」としてメシアが考えられることは一貫している。

　メシアの到来に条件をつけないという議論に際して、何度か「幸福な罪 felix culpa」を引き合いに出すことからはキリスト教の恩寵論への警戒が感じられる[10]。メシアは外から不条理に到来した災厄から救うのであって、私が他の人に対して犯した罪を贖ってくれるわけではない。

　ともかく第二節の最後で結局メシアの到来には条件がつかないと結論づけられる。というのはメシアの到来の条件として人間の道徳を前提とすると、（悪の敗北と善を可能にする）神というものを否定することになりかねないからだ。この一九六〇年の時点では人間に対する罪を許す恩寵を退けつつも、迫害から救うために外部から無条件に到来するメシアという思想は維持されている。

　これに対して一九六一年に発表された後半では外から到来するメシアの概念は次第に遠ざけられる。まず第三節「メシアニズムの矛盾」ではメシアの時代は忌み避けるべきであるという主張が紹介される。メシア的時間の到来には全面的な災厄つまりショアーのような災厄が先立つからだ[11]。

　第四節「メシアニズムの彼方へ」ではそもそもメシアは大昔に来てしまったので「もはやイスラエルのためのメシアはいない[12]」という主張が紹介される。これはメシアという媒介者を必要としない、神による直接的な救済という理念につながる。メシア的な救済は政治的な救済に限定されるのであって個人の救済をもたらさないという考えからこのメシア不要論が主張されている[13]。

ところが第五節「メシアとは誰か」にいたって議論は大きく転回する。まず三つのラビの学派が自らの主義主張を体現する者としてメシアを想定する[14]。平和、正義、哀れみである。ここまでは特定の学派つまり集団に関わるのであるが、次の主張は、特定の学派の教えとは無縁に登場する。それによるとメシアとは慰める者である。個人対個人の関係として、慰める者たるメシアを考えることで[15]、社会政治的な正義から個人的な人間関係へと移行する。ここまでの部分は第四節を受けている。しかしレヴィナスはさらに先に進む。

彼はここで「彼〔メシア〕の名は「ラビの学校の癩病患者である」[16]。」という主張を紹介する。「個人としてのメシアを超えて、唯一の存在のうちに個人化されていない、ひとつの実存形式を告げているのでしょう[17]」とレヴィナスは解説する。つまりメシアとは特定の個人ではなく、人間一般の「実存形式」なのだ。個人の救済のためのメシアという〈外的〉な装置が考えられるのではなく、そもそも人間存在の〈内的〉構造としてメシアが使われるのである。歴史上の具体的な人物から超越論的な一般構造へと移行する。こうして「もし彼が生者たちのあいだにいるのなら、それはラビ自身あるいはわたしかもしれない[18]」というタルムードの一節を引用するのである。実存形式としての「癩病患者たるメシア」とは、「私」と発音する主体の実存形式のことだというのである。

こうしてレヴィナスは「メシア、それは〈わたし〉であり、〈私であること〉、それはメシアであることです[19]」と、〈メシアとしての私〉という思想に達する[20]。〈メシアとしての私〉とは、他の人のために身代わりとなって苦しみ、迫害を受けることによって自己は自己として個体化するという『存在の彼方へ』の核をなす思想である。二年にわたって口頭発表された「メシア的テキスト」の議論を通じて、『全体性と無限』の立場である〈外部〉から到来する政治的救済の地平としてのメシア的時間から、『存在の彼方へ』の立場である「身代わり」としての主体性という〈内部〉へと移行するのである。

メシアとは私のことである――後期レヴィナスへの転回点

「メシア的テキスト」前半部分とは逆に、後半部分では人間の歴史の成就というメシアの時間を拒絶し、〈メシアとしての私〉という後期を特徴づける発想が登場する。メシアは外からやってくるのではなく、私自身がメシアにならないといけない。この発想が傷つきやすさと身代わりとしての主体という後期思想を可能にするのである。

「それ〔メシア〕は、統治の絶対的な内面性です。〈自我〉が自己自身に命令する内面性以上に根本的な内面性が存在するでしょうか。この上ない非＝異邦性――それは自己性です。メシアとは、もはや外部から命じることのない王です〔…〕。メシア、それは〈私〉であり、〈私であること〉、それはメシアであることです。

メシアとは苦しむ義人であり、他者たちの苦しみを背負っていることは先ほど見ました。「私」と語る存在以外に、結局誰が他者たちの苦しみを背負うというのでしょうか。〔…〕

メシアニズム、よってそれは〈歴史〉を停止する人間の到来を確信することではありません。それは、万人の苦しみを引き受けるわたしの力です[21]。

メシアは内面化される。この解釈を導入するために、レヴィナスは興味深い文章を挿入している。「タルムードのテキストについては大胆さが許されます。というのも、タルムードのテキストはそもそもあなたの知性に訴えかけ、解釈を促すからです〔…〕[22]」。ユダヤの知識人たちを前にした講演で、レヴィナスはわざわざ断りを入れる必要を感じたのだ。〈メシアとしての私〉という解釈は、ユダヤ教の共通見解ではなく、レヴィナスが「大胆」に導入した個人的な思想なのである。

こうして高みから到来する教師としての他者、赤貧に苦しむ他者、というどちらも正義を要請する他者の顔との関係から、気がつく前にすでに他者へと責任を負ってしまっている〈私〉という後期の発想へと転回する。「〈自我〉は〈世界〉の全責任を担うべく自己自身を抜擢した者、「サモ・ツワネッツ〔僭称者〕」〔…〕です[23]。」と私が世界を支えると主張することが、皇帝〈メシア〉であることを僭称するボリス・ゴドゥノフと並べられている。私はメシアとならなくてはいけないが、自称メシアとなった途端にそれは僭称の偽者あるいは誇大妄想である。自分がメシアとして世界を救うというのは実現し得ない大ボラである。しかしたとえ偽者だったとしても私は自称メシアとならなくてはいけない。論理的にも不可能な「メシアとしての私」をレヴィナスの思想は要求するのである。レヴィナスはメシアを自分自身へと内在化することで、外傷に対抗するロジックを組み立ててゆくことになる。

最後に「外傷の哲学としてレヴィナスを読む」、という本書全体の視点からもう一つ補足したい。世界から悪の可能性を完全に排除するメシア的時間という『全体性と無限』の発想は、実は外傷の可能性がなかったことになってしまう、つまり外傷の完全な否認でもある。メシアの世界においては外傷について語ることができなくなってしまう。『全体性と無限』は外傷をそもそもなかったことにする「否認」という深い病理の表現である（精神分析的には否認は抑圧に比べても幼児的な防衛である）。『全体性と無限』がショアーの外傷については語らなかったことの理由も見えてくる。病いを否認する防衛の書物なのである。外傷を認め直面することで困難な回復の可能性が開かれるが、『全体性と無限』ではまだ直面するための基盤ができていない。

次節では〈メシアとしての私〉にともなう宗教思想上の帰結を論じる。外部からの救済を断念したとき、神への信仰が意味を持たない宗教が成立するのである。

2——信仰なき宗教

ハンナ・アーレントが亡くなる少し前に、ラジオ・フランスでこう語っていました。子どもの頃生まれ故郷のケーニヒスベルクで彼女に宗教を教えていたラビに向かって、「実は、私は信仰を失ってしまいました」と宣言したのだそうです。そうしたらラビは、「誰が信仰しろなどとあなたに要求したのです？」と答えたそうです。この答えは特徴的です。大事なのは信仰ではなく、「行うこと」なのです。行うこと、それは道徳的な身振りでもありますが儀礼でもあります。そもそも信じることと行うことは異なることでしょうか？　信じるとは何を意味するのでしょうか？　信仰は何からできているのでしょうか？　言葉から？　観念から？　確信から？　どこで私たちは信じているのでしょうか？　全身でです！　私のすべての骨でです（『詩篇』35, 10）。ラビは「良く行うことこそが信じる行為なのだ」と言いたかったのです。

これが私の結論です。[24]

宗教のない世界[25]

以下では一つの仮説を提示したい。今日では、多くの人が宗教を持っていないと自称し、死後の世界などというものはオカルトであると退ける。しかし宗教の不在は、人類の何万年かの歴史のなかで、ここ五十年ほど一部の工業化した都市のインテリのあいだでのみ生じた現象である。私自身、看護師への聴き取りのなかで看取りとともに、彼ら自身は特段の宗教を持っていないのにもかかわらず来世のようなものが話題になることがあった。もしかすると人間の経験は宗教、あるいは死後の世界のような概念を本質的に必要としていて、宗教というイデオロギーは現代文明のなかでいったんは壊れてしまったのだが、まさに日常的に死に直面する看護師たちは一人ひとりかつての伝統のかけらをかき集めながら新たに宗教のようなものを作り直す行為をしているのではないか。

神の死とは、幸運にも神を厄介払いすることができた知識人の問題ではない。むしろ、本当は潜在的に信仰を必要としていた市井の人々の不安のことである。宗教の機能をある程度補完していると思われる心理療法の奇妙な蔓延もまた、かっこつきの「宗教の必要性」の間接的な証拠としてあげられるであろう。

レヴィナスはユダヤ人思想家であるといわれる。この定義は彼の宗教に対する関係の特異性を汲み尽くしていない。「宗教的」思想家であるという外見に反して、彼の議論は神への信仰を前提としていない（この点は、自らのキリスト教信仰を問い直すことのないアンリやマリオンといった他の「現象学の神学的転回」の論者とはっきりと区別される点である）。おそらくほとんどの宗教は信仰に重きを置いているだけに彼の姿勢は際だっている。『全体性と無限』の「無神論」とは熱狂をともなう多神教の儀礼の拒否だった。それに加えて実は信仰というもの自体を退けるのである。そして忘我にいたる宗教儀礼ではなく、日々の「行い」のなかに宗教を見出す。

レヴィナスと新たな宗教の創設

ユダヤ教の正統的な相続者である（と自分では思っていた）レヴィナスは、同時に私たちの時代を支配する信仰の不可能性を出発点としている哲学者である。とはいえレヴィナスは熱心な実践者 pratiquant であった。日々の儀礼の忠実な実践こそが信仰心の代わりとなっている（ただしこの儀礼には熱狂の要素は全く含まれない）。

実際、レヴィナスは哲学的な著作でもしばしば神について語るにもかかわらず、信仰という言葉はほとんど使わない。たとえば『存在の彼方へ』のなかでは信仰を表す二つの言葉である foi は三回、croyance は一回だけであり、『全体性と無限』でも foi は五回の使用のうち肯定的に二回、そして二回そこから距離を取るためのものとして議論される。[26] croyance は二回だけだ。逆に彼はしばしば「神の死」について語り（『存在の彼方へ』のなかでは六回）、絶えず神学を批判する。そもそも『全体性と無限』は無神論を標榜する。

ここでは一つの仮説を提示する。レヴィナスは単にユダヤの伝統に養われて宗教について考察した哲学者なのではない。彼は「宗教哲学者」ではない。むしろ新たな宗教の創設者なのではないか。ユダヤ教の伝統を背景に、しかしそれとは異なる宗教運動を創設した「教祖」なのではないだろうか。破壊寸前だったユダヤ教の伝統へと帰ろうと努力することで、ユダヤ教の伝統に潜在的に胚胎していた〔と本人が思っていた〕要素を浮き彫りにしようとしたが、結果レヴィナスは新たな形の宗教性を創始した。救済の観念を持たない、信仰のない宗教、神が死んだ後の宗教である。この観点からすると『存在の彼方へ』は新しい宗教のマニフェストであることになる。この作品は哲学書であると同時に真正な宗教書である。

神に対する信仰から神の無起源的な強迫へ

信仰と神学はレヴィナスの無起源的な「宗教」に対立するものである。

というのは、これこそが神学的で構築的な思考があまりに性急に信仰の真理を演繹してしまう道のりだからである。それによって〔無限による〕強迫は主題のなかで告げ得られる原理へと従属してしまう。これは強迫の運動の無起源性そのものを消してしまう。〔原注〕このようにして神学の言語は超越の宗教的な状況を破壊してしまう。無限は無＝起源的なしかたで「現前」するのである〔…〕。[27]

実のところ、理性にとどまるにせよ外に出ようとするにせよ、信仰と臆見は存在の言語を語る。信仰の臆見ほど、〔克服すべき〕存在論としっくりくるものはない。[28]

神学は洗練された原理を作ることで、信仰というものが持つ真理なるものを演繹しようとする。しかしレヴィナスにとってはこのプロセスが無限というものの作動を壊してしまう（すでに見たように無限とは、対人関係がそこで可能になる場であり力動である）。レヴィナスにとっての「宗教」はそれゆえ信仰を必要としない。そもそも神を信じるなどということは不可能なのである。そしてこの引用はこれが単に倫理ではなくまさに宗教であるということも強調している。レヴィナスの議論に忠実であるとすると、彼の宗教の信者であることはできないにもかかわらず、我々全員がこの宗教に常にすでに巻き込まれているのである（この「常にすでに」が、始まりを持たない「無起源」の意味するところである）。これがレヴィナスの普遍主義である。

関係――あるいは宗教――は信仰と信仰の喪失の心理学を超える。関係はまさに無起源的な仕方で私に命令するので、現前にも原理の開示にもなることは決して ないし、またなったことも一度もない。[29]

レヴィナスは神の命令と命令への従属の無起源性（始まりの瞬間なしに常にすでに生じてしまっていること）をパウロやルターがあれだけ称揚した信仰の代わりに置く。神の命令は、神を認識することに先立って作動する。そして他者とのあいだの関係を作り出す。無起源性という仕組みによって神は信仰も宗教心もなしに作動しうるのである。私たちは常にすでに神の命令に従ってしまっているからである。

アウグスティヌスの恩寵論そしてルターの信仰義認論では、信仰だけが救済への道であり、かつ救済のためには信仰だけで十分だった。[30]さらに、人は自分自身の救済を願うことはできない。というのはそれはエゴイズムだからであり、救済の希求もまた退けるべき罪なのである。そもそも誰も自分自身を正当化（義認）することはできない。なので善行というものはない。あらゆる行為は、たとえ善良さを目指す道徳的な行為であっても（それが自己満足であるがゆえに）悪である。[31]それゆえに神の恩寵が必要なのである。信仰は、神による呼びかけによって息を吹き込まれることである。[32]それが人間の弱さを知らしめ、[33]絶望したときにこそ私を救うような神への愛を呼び覚ます。[34]この信仰義認論のロジックは宗教心が機能している限りでは非常に強力なものであろう（そして信仰義認論は、人々の不安を煽ることで利益を得ようとする多くのご利益宗教の害悪に対抗するために強力な装置となる。ルターの時代には贖宥状に対抗していた。日本でも法然や親鸞が専修念仏の思想によって類似のロジックを鎌倉時代に組み立てた。浄土宗も功徳を積んで成仏しようとする当時の風潮への反発から生まれている）。

信仰（帰依）が機能する限り非常に強力な法然やルターの議論をさらに超えて、レヴィナスは、神を信じる信じないに先立って、日常的な対人関係において人間はすでに神によって取り憑かれているという新たな議論を提案する。これがレヴィナスの無起源概念である。

神は起源を持たない。信仰が不可能になった世界において、気づき以前に神が私に取り憑いているという無起源性は神に対して場所を与える数少ない方法であろう。神への関係は人間存在の消すことのできない構造として構想されている。たしかにルターにおける信仰も信仰への意志に先立って無起源的に作動する。[35]しかしルターにおける無起源性は、信仰そのものが意味を失った人にとっては効力を失っている。もう一度強調したいのは、無限の無起源性は無神論者にも働くものであり、個人の宗教的な関心とは全く無関係であると想定されているということである。

無限の過ぎ越しはユダヤ教徒に限定されるものではない。さもなくばレヴィナスはローカルな思想家で、少なくとも日本人には関係のないものになってしまう。ときにレヴィナスが特殊ユダヤ教的な政治的主張をするのは事実であるが、その部分の揚げ足を取ることは生産的ではない。宗教心が全くなくとも神による過ぎ越しが起こる。その証拠となるのは、不完全ではあれ常に「倫理」が働いていることである。全うできない責任なるものが生じている以上、私たちは神に取り憑かれてしまっている。これがレヴィナスの「宗教」の論理である。

もし信が機能しないのであれば、信仰は宗教の出発点になりえない。

レヴィナスもときに信仰という語を使うことはあるが、神への信あるいは救済への信を意味することはない。信仰はときには無限責任を意味する（「ユダヤの信仰は寛容を意味する。というのはまずもって信仰は他の人たちの全重量に耐えることだからだ。[36]」）。

すでに引用した「旗なき栄誉（名前なしに）」によると、信とは災厄の無意味のただなかにおいてそれでもなお意味が回帰するという可能性への信である。[37] 無意味を意味に反転しうる可能性が失われてしまうと、レヴィナスの思考全体が意味を失ってしまう。いずれにしても信仰は、来世や神や救済への信を意味しない。無意味の支配に抗う意味の復活への信頼である。意味と無意味がレヴィナスの最も重要なモチーフであることを考え合わせると、レヴィナスにとってはこれが人間性の最後の砦、最終的な核であり、これがなくては「人類」と呼びうるものがなくなってしまうであろう。

救済から身代わりへ

『存在の彼方へ』ではもはや救済概念に重要性は与えていない。この本で何度か取り上げられる神の死が救済の不可能性と関係している。

この研究が取り出そうと試みている聖性は、何らかの救いの道を説教しようとするためのものではない（救いをもとめること自体は決して恥ずべきことではないが）[38]。

救済の追求は禁止はされていないが不可能であり無意味である。無意味があまりに支配的なので、そもそも救済の追求が無意味になったからだ。意味の超自然的な保証としての救済はもはや想定できないのである。『存在の彼方へ』の「宗教」はこの地点から出発する。もし救済があるとしてもそれは永遠の生命や地上の不幸の解決などではなく、無意味のただなかでの意味の再発見の可能性のことである。すなわち私の生をないがしろにしてでも他人の生存を確保するという主張がここで成立する。それ故に『全体性と無限』（一九六一年）の最後で肯定的に言及された、平和の勝利の可能性としてのメシアニズムが、捨てられるのである。これがレヴィナスの「回心」である。メシアによる救済が政治的なメシアニズムであり一人ひとりの個人の救済をもたらさないがゆえに[39]、そして最終的には、〈メシアとしての私〉という概念が自分自身の救済の実現を禁止するがゆえに、メシアニズムは捨てられる。『存在の彼方へ』ではそれゆえ修正された「救済」について語る。

しかし私の責任を起点として、私の救済は意味を持つ、それが責任に対して冒させる危険にもかかわらず[40]。

伝統的な救済から区別されるレヴィナスの「救済」とは誇張的な倫理、すなわち他者の身代わりとなる苦痛のなかで最小限の仕方で意味が再び成立する論理に他ならない。極度の苦痛と遺棄のなかにおいてのみ意味を見出しうるのであり、もはやこれは一般的な意味での「救済」ではない。しかし道徳主義的な誤解を遠ざけるために、厳密で形式的な定義を見つける必要がある。

伝統的な救済は、ユートピアを媒介とした無意味から意味への転換である。つまり無意味から解放されたユートピアを想像する信仰が必要である。そこでは現世という無意味に支配された地平の外で、宗教が意味のユートピア的な地平を想像する。無意味の地平は意味の地平へと延長されるが、両者は区別され並び立つ。この想像力が今日失われている機能である。逆に、レヴィナスの解決法は、無意味から意味への媒介なしの転換である。それゆえに想像的地平を媒介としない転換である。無意味はそのまま意味である。無意味な苦痛は、他者の生存を含意する場合に意味となるというのである。自己肯定としての意味は、逃れることのできない苦痛を肯定するロジックとしてしかありえない。

ユートピア（非場所）はもはや『全体性と無限』の立場であったメシア的時間ではない。そうではなく非場所 non-lieu〔= utopie〕としての傷つく主体である。言い換えると、死後の生への想像力に依拠した伝統的な救済思想のショートカットが起こっている。

神から彼性へ――共同体なき宗教

歴史的にすべての宗教は信者の共同体を形成してきた。しかしながらレヴィナスによって立てられた「宗教」はそのような共同体を構成することはできない。というのは、すべての人間が知らず知らずにすでにそこに巻き込まれているからであり、そもそも信仰が構成要素でないだけに信者と非信者を区別する基準がない[41]。それゆえ『存在の彼方へ』が提案するのは信者を持たない真の普遍宗教である。と同時にこれは社会において実現することのない宗教である。たしかに宗教であるが、それを信じることはできないし、共同体を形成することは論理的に禁じられている。

〈実現不可能な倫理〉と〈信仰のない宗教〉はどこかでまじわる。しかし区別もある。誇張的で〈実現不可能な倫理〉は、無意味の地平と意味の再発見の地平を意味していた。つまり主体には精神疾患の可能性と回復の可能性が地平として刻み込まれている。〈信仰のない宗教〉はこの地平を創設すると想定される審級である。外傷の可能性が主体性の構造に刻み込まれているとしても、回復（意味の再発見）の可能性は特別な装置がない限り保証されない。誇張的で実行不可能な倫理は、無起源的な宗教の論理に支えられる。これが倫理と宗教の区別である。

（1）AE, 196、『存在の彼方へ』二百八十四頁。
（2）AE, 99、『存在の彼方へ』百五十一頁。
（3）AHN, 190、『諸国民の時に』二百七十一頁。
（4）AHN, 194、『諸国民の時に』二百七十七頁。
（5）ヴィーゼル『夜』百二十七－百二十八頁。
（6）DL, 118、『困難な自由』百十七頁。
（7）TI, 318、『全体性と無限』下巻二百二十九頁。
（8）DL, 90、『困難な自由』八十五頁。
（9）DL, 105、『困難な自由』百二頁。
（10）「すべての議論は、奇妙にも――すでに言いましたように――キリスト教の恩寵の論理とは対極にあります。誤謬には外的な救済が必要である、なぜなら真の知は独学されるものではないから、というわけです。しかし〔人間が人間に対して犯した〕過ちは、〔神の赦し認めるキリスト教の恩寵思想は間違いで、人間世界の〕内部からしか修復されません。」（DL, 104、『困難な自由』百一頁）。ただしレヴィナスは一見すると恩寵論と類似する議論も提示する。「ラビ・ヨハナンは、メシアの時代の接近とこの時代が約束する幸福は、功徳に依存すると考えています。〔…〕シュムエルは明白にメシアの到来と功徳との関係を否定しています。」（DL, 90、『困難な自由』八十五頁）。功徳に関する議論はキリスト教の恩寵論（信仰義認論）を思わせる。救済のために功徳を積む必要があるのか、それとも神の恩寵だけが救済の条件となるのか、という議論である。キリスト教においては恩寵は罪の赦しに関わる。しかしユダヤ教の「恩寵」は、人が一神教の神をまだ知らなかったことを赦すことである。他の人に対して犯した罪は自分で償わないといけない。

（11）DL, 106、『困難な自由』百四頁。

（12）『困難な自由』百九頁。

（13）DL, 113、『困難な自由』百二十二頁。

（14）DL, 116、『困難な自由』百十五頁。

（15）DL, 117、『困難な自由』百十六頁。

（16）DL, 118、『困難な自由』百十七頁。

（17）DL, 118、『困難な自由』百十八頁。

（18）同前。

（19）DL, 120、『困難な自由』百二十頁。

（20）DL, 118-120、『困難な自由』百二十七－百二十九頁。

（21）DL, 120、『困難な自由』百二十頁。

（22）DL, 119-120、『困難な自由』百二十頁。

（23）DL, 120、『困難な自由』百二十一頁。

（24）AHN, 192、『諸国民の時に』二百七十四頁。

（25）本章の議論は藤岡俊博氏と渡名喜庸哲氏との議論と情報提供に大きく負っている。

（26）TI, 7-10、『全体性と無限』十六－二十二頁。あとの一回は宗教とは関係がない慣用句のなかで。

（27）AE, 192、『存在の彼方へ』二百八十頁、四百四十一頁。

（28）DQVI, 96、『観念に到来する神について』百十七頁。

（29）AE, 261、『存在の彼方へ』三百八十二頁。

（30）Luther（1999）, 9.

（31）Luther（1999）, 166.

（32）Luther（1999）, 211. 清水哲郎（2007）。

（33）Luther（1999）, 183.

（34）Luther (1999), 167.
（35）清水（2007）
（36）DL, 227、『困難な自由』二百三十頁。
（37）NP, 143、『固有名』百八十八頁。
（38）AE, 99、『存在の彼方へ』百五十一頁。
（39）DL, 113、『困難な自由』百十二－百十三頁。
（40）AE, 250-251、『存在の彼方へ』三百六十五頁。
（41）DQVI, 168-169、『観念に到来する神について』二百七－二百八頁。

第8章 レヴィナスの歴史哲学

1 歴史記述への批判

前章までで、メシアニズムに依拠した歴史観を捨てたこと、そして信仰に頼らない宗教を構想したことを示した。以下では、歴史批判に代わってレヴィナスがどのようにポジティヴな歴史の構造をイメージしていたのかを考えたい。

歴史と作品の批判――『全体性と無限』

レヴィナスは『全体性と無限』のなかで歴史を厳しく批判した。人格を抹消する暴力の最たるものだというのである。(1)『全体性と無限』で批判される歴史とは本質的に歴史記述のことである。そして暗にヘーゲルの『歴史哲学』における理性の狡知としての歴史を批判している。ヘーゲルにおいては非人称的で全体的に進行する集合的な〈理性〉のために個々の人間が歯車として奉仕し従属するからである。歴史記述において人間は登場人物に変質する。登場人物となった人間は自ら語る能力を奪われているのみならず、読者の曲解に委ねられてしまうためかつて主体として自らが産出した意味を守り抜くことができない。そもそも歴史記述の登場人物になるのは多くの場合死んだ人である。そして歴史記述は古来、支配者が自らの来歴を正当化することを目的として書かれてきた。人間の主体性を消し去る全体性の暴力の最終形態として、征服者が被抑圧者を否定する歴史記述が想定されるのである。歴史修正主義によってゆがめられた歴史記述のなかでのショアーの犠牲者を念頭に置いてもよいであろう。

運命とは歴史家による歴史のことである。生き残った者による語りであり、死者の作品を解釈すなわち利用する。歴史的な隔たりが、この歴史記述、この暴力、この従属を可能にするが、この隔たりは意志が完全に作品のなかに浸透するのに必要な時間によって測られる。歴史記述は〔…〕征服者すなわち生き残ったものによって成就された搾取の上に立脚する。歴史記述は隷属に抗して闘う生を忘却しつつ従属化を語る。(2)

もしも全員が抹殺されてしまったとしたら、そして殺人者が勝者となったとしたら、ガス室の存在は記録から抹消されたであろう。歴史記述は隷属者の存在を抹消する。そしてそもそも真の主人公が死者あるいは心身を破壊された瀕死の者であるショアーに関しては、証言が論理的に不可能である。(3)

ところでこのような否定的な歴史概念は「作品」という概念に対する批判をその核に持つ。(4)人間は様々な作品を産出する。ところが作った作品は、作者の手を離れてしまうので、他の人の勝手な解釈に委ねられることになる。つまり他の人が作品を解釈するや否や、作者の主体性は失われてしまい、作者は非人称的な全体性のなかで消え去る。この主体による意味産出から主体性の喪失への転換点に位置するがゆえに、とりわけ作品概念を『全体性と無限』は標的にした。

作品と未来の肯定

興味深いのはまさにこの作品概念で、レヴィナスの大きな転回がみられることである。『全体性と無限』の出版から間もない一九六三年に「他者の痕跡」として公刊され、そして一九六四年に「意味と意義」（のちに『他者のユマニスム』に所収）として再録されたテキストにおいて作品概念は百八十度その価値が転倒する。

> ところでラディカルに考えられた〈作品〉とは、決して〈同〉へと戻ることのない〈同〉から〈他〉へと向かう運動である。とことん考え抜かれた〈作品〉は〈同〉のなかで〈他〉へと向かう運動のラディカルな気前の良さを要請する。それゆえ〈作品〉は〈他〉による忘恩までをも要請するのだ。というのは恩を感じることで、まさに運動がその起源へと回帰することを意味してしまうかもしれないからである。(5)

作品は、暴力ではなく贈与となる。他者による作者（私）の搾取は、ここにいたって作者から他者への贈与とみなされることになる。

> 遊びとも計算とも区別された〈作品〉とは、私の死の彼方のための存在のことである。(6)

「意味と意義」ではこの前のページで「歴史の方向付けとは異なって」と述べられているので、ここではまだ歴史概念そのものは否定的な意味でつかわれているのだが、作品概念は『全体性と無限』と比べてその価値を反転する。作品において主体は自らを喪失する。この点は以前の定義と変わりがない。『全体性と無限』においては、他者の暴力によって主体性を消去されてしまうネガティブな働きとして作品が扱われていた。一九六三年の「意味と意義」においても作品において主体は消失するが、それは他者のための贈与とみなされる。他者によって被る暴力の象徴としての作品から、自分を殺してまで他者のために行われる贈与へと、位置づけが変化するのである。『全体性と無限』までは私の主体性をいかにして暴力から守るのかという視点から（倫理はそのために二次的に要請された）書かれていたが、ここでは他者のための私からの贈与という視点への転換が見られる。

〈自らを消去してまでも遺される他者のために贈与する〉という作品の定義は、『存在の彼方へ』の身代わり概念へとつながっている。そしてもともとは一九六一年にメシアニズムを検討したときに得た「他者の身代わりに苦しむメシアとしての私」という結論の延長線上にある。つまり一九六一年に始まった転回の直接の帰結として作品概念の転回も生じる。ポイントは、主体の破壊や消失が、無意味ではなく意味の可能性、主体の成立そのものになることである。

私の作品は他者の暴力に委ねられる。しかしまさに自分を抹消するほどまでに他者のために贈与するということが、逆に主体性そのものとなる。さらに「作品とは〔…〕若さのようなものである」[7]という言葉は、すぐあとで取り上げる『全体性と無限』の繁殖性における息子の若さという発想を受け継いでいる（「繁殖性の非連続的な時間は絶対的な若さと再開を可能にする。」[8]）。つまり一九六一年までの初期と中期の様々な議論の合流点が一九六三年の〈作品〉概念なのである。

ただしこのテキストの作品概念は「自分が死んだあと」という極めて形式的で大ざっぱな未来への示唆しかもたない。歴史という名に値する具体的で複雑な時間構造を議論するためには別の角度から検討を続ける必要がある。

「ある」としての作品と永遠

時間を終戦直後に戻す。レヴィナスが作品概念を取り上げたのは『全体性と無限』が最初ではない。芸術論である「現実とその影」ですでにはっきりとした仕方で作品が批判される。ただしこの初期の批判は『全体性と無限』のものと若干論点が異なる。初期の芸術論は作品が提示するイメージとそれが鑑賞者に与える熱狂を批判していた。上述のように『全体性と無限』では作者の人格が作品において消失することに批判の力点が変化する。

第3章4で見たように、「現実とその影」は、「ある」を開示する装置として芸術作品を定義する。『全体性と無限』の作品批判も主体の非人称化が問題になるので「ある」と関係があるとはいえるが、「現実とその影」における作品はもっと直接的に、芸術作品が依拠するイメージという現象がそもそも「ある」の次元に位置すると論じている。

イメージは引き込む力を持つ[9]。イメージに魅了されるとき、人は主体性を失う。思考、現実経験の停止は、「弁証法と時間を停止させること[10]」であるという否定的な仕方で時間と関係する。イメージがもたらすリズムの反復とは時間の流れの停止のことだというのである。レヴィナスは「時間の間 entretemps」という言葉を使い、これが「非人間的で怪物的である」[11]と述べている。『実存から実存者へ』における「ある」の記述でも、終わりのない永続性という仕方で表現されていた[12]。いずれの場合も時間の停止が問題になるのであり、この時期のレヴィナスにとって主体の再構築とは、対人関係における時間の発見と同じだったのである。それゆえ『実存から実存者へ』の最終節は「時間の方へ」という題がつけられている。ともあれ後年の評価とは異なり、一九四七年において作品は時間の停止を意味する。

「時間の間のなかでの永遠の持続[13]」からいかに脱出するのかが、一九四〇年代の課題となる。レヴィナスの道のりは一貫していると同時に錯綜したものである。というのは第3章4で見たとおり「現実とその影」で救済を生む時間の再生は、作品「解釈」の可能性として提示されるからである。そこでは停止した永遠から脱出して時間をつくるのは解釈学の力であると言われていた。この作品解釈が織りなす時間は、後期レヴィナスの聖史概念の核をなすものであり、一九四六年からシュシャーニのもとでタルムードを学び始めていたレヴィナスのなかに、三十年後に展開される歴史哲学が胚胎していたことをうかがわせる。と同時に作品解釈はまさに『全体性と無限』において全体性の暴力として否定されたものでもある。一九四七年に肯定的に評価された「解釈」は、一九六一年に一度は全面的に否定され、一九八〇年代に再び決定的に重要な概念として肯定される（おそらく『全体性と無限』はヘーゲルの歴史概念の影響を強く受けつつ同時に批判しているせいである）。単純な仕方でレヴィナスの道のりを追うことはできないのである。

繁殖性

レヴィナスは、『全体性と無限』の末尾で唐突に世代交代を議論する。第3章3で論じたエロス的関係は子どもを産む。こうして父から息子へという世代交代が生じる。(私自身はエロスを〈コミュニケーションの手前のコンタクト〉と定義することで性の問題から切り離した。父と息子という男性的存在はジェンダー論的には大いに疑問のある議論だが、言語と行為の可能性を持つ存在の継承であることになる。言語的な存在の継承は、すぐあとでみるように時代を超えた解釈者の対話としての歴史概念へとつながる)。

繁殖性概念は、個人の一生を超える時間を問題にするがゆえに歴史と接続する。ただし『全体性と無限』は子孫の時間に対して歴史という言葉を使うことはない。むしろ歴史と繁殖性は対立する。歴史記述というミイラ化した過去に対抗して、無限に多様な生殖の未来を導入するという論点である。[14] 確かに繁殖によって個体は乗り越えられるのであるが、むしろ個体の単独性を確保し続けるための装置として世代交代は機能する(それゆえに「私は私の息子である」という奇妙なテーゼが生まれる)。歴史は個体性を消すが、繁殖は個体を可能にする母胎となる超個体である。[15] 世代性は私が死んだあとに有意味な世界を想定するために必要な概念である。もしものちの世代の人の可能性がなかったら、私の死は単なる全面的な消失であり、全く無意味な出来事になってしまうであろう。

個体を保証する超個体の場というのが繁殖性の要点である。『全体性と無限』の文脈から考えたときの繁殖性概念の位置づけは、(倫理的な主体ですら成し遂げることができなかった)全体性による暴力に対する抵抗の装置である。死という究極的な非人称化の暴力に対抗するために、自分の息子において自分自身が継続することで死を克服すると、『全体性と無限』では考えられている（なぜ娘ではなくて息子なのかというと、女性はエロス論においても住居論においても「コミュニケーションの手前の接触・コンタクト」と「行為の不可能性」と結びつけられ、男性が「言語」と「可能性」を表すからである。ジェンダー論の視点から批判するべきであろうが、ともかく繁殖においては可能性の継承が問題になるので息子が選ばれる。そしてこの可能性の継承を可能にするのは、言語以前の水準における女性的存在とのコンタクトなのである）。

子どもとの関係――すなわち〈他者〉との関係は、権力ではなく繁殖性であり、絶対的な未来あるいは無限の時間と関係する。[16]

繁殖性の概念は『全体性と無限』の末尾だけで議論された傍流の議論のようにも見えるが、さきほど取り上げた〈作品〉における「私の死の彼方への存在」へと引き継がれ、最終的に未来における意味産出の地平を示すものとして、次に論じる聖史の概念に結実することになる。正確には、意味の増殖を支える人間の複数性こそが繁殖性の含意するところだろう。後期の〈傷つきやすさ〉という主体性概念においてエロス的女性性が倫理的主体と合体するのと同様に、繁殖性も倫理的主体と合体して後期歴史概念に至るのである。

2――意味の増殖としての聖史

レヴィナスの後期思想において歴史とは、意味が思いもかけない仕方で増殖する可能性のことである。レヴィナスはこれを〈聖史〉と呼ぶ。そしてこの場合の意味とは、聖書（などのテキスト）の解釈によって産出される思いがけない意味のことである。

意味増殖としての歴史にはいくつか構成要素がある。『聖句の彼方』から引用しよう。

一つ目は唯一的な人間の複数性である。

解釈は本質的にこのような（解釈によって未聞の意味をとりだせとの）要請を伴っており、かかる要請なしには言表の織物に内属する〈語られざること〉はテキストの重みで消失し、文字のなかに埋没してしまうであろう。こうした要請は数々の人格から発する。眼をみはり耳をそばだて、抜粋の出所たるエクリチュールの総体に留意し、さらには生にも——街や通りや他の人々にも——同様に開かれた人格から発する。かけがえのない唯一者として、そのひとりひとりが記号から意味を、それもそのつど比類ない意味を引き剝がしうるような人格たちから発する要請であり、また、有意味なものの意味作用の過程に彼ら自身も属しているような人格たちから発する要請なのだ(17)。

異なる意見の持ち主たちが理性的に議論を闘わせるというタルムード学習の状況が想定されている。書物を媒介とすることで、たとえば私たちが古典と対話することができるように、この議論は世代を超えて生じるのである。歴史とは世代を超えた多数の人々の間の終わりのない対話である。（『全体性と無限』が批判する）個別性を抹消する歴史記述概念とは逆に、後期の聖史では、人格の個別性を維持したまま人々の多数性を表現する。父から息子へと唯一性が継承される繁殖性概念の延長線上にある。

複数性においては、抹消することのできない差異、唯一の人格といったものが前提とされている。人格の唯一性と複数性とは、その人にしか生み出すことができない意味がもつ唯一性と結びつけられる。人格の唯一性と複数性が、このようにして多様な意味の増殖に貢献する[18]。この人格の唯一性については本書の今までの議論が十分に明らかにしたと思う。

二つ目は書物あるいは文字である。

なぜ聖句の彼方なのか

聖典から切り取られた聖句の確たる輪郭は自明の意味を有している。が、自明の意味はまた謎めいた意味でもあるからだ。謎めいた意味はある解釈学を要請する。この解釈学は、命題がすぐさま引き渡す意味から、そこで単に暗示されたに過ぎない複数の意味を引き出すことをその任としているのだが、では、こうして引き出された意味は謎をはらんではいないのだろうか。それらもまた、異なる様式で改めて解釈されなければならないのだ。さらに解釈学は、新たな教えを求めて、すでに解釈されてはいるが汲み尽くすことのできない聖句へと絶えず立ち戻っていく。〈聖典〉の〈読解〉はこうして常に再開される。常に連続した啓示なのだ[19]。

文字は表面的に明らかな意味を持つ。表面を超えて隠れた意味を産出する運動が、解釈の運動でありかつ歴史の運動である。逆に言うと文字と明示的な意味が、意味産出の母胎として必要である。そして書物をつくることもまた意味産出の過程であるがゆえに、あらゆる書物は他の書物を解釈した注釈書であり、最終的には〈聖書〉の注釈書である。[20]〈聖書〉は原書物なのである。しかも現在プラトンを解釈することができるように、書物は世代を超えた対話を可能にする。この点でユダヤ教の歴史と哲学史とのあいだには区別がない。レヴィナスは『存在の彼方へ』でも全く同じ主張をする。[21]それゆえ書物は無限に開かれた巨大なネットワークを形成するとともに、一つの書物は過去も未来も超えてあらゆる時代のすべての書物と一挙に関わりうる。すべての書物はこうして同時代的に対話する。

三つ目はこうして生まれた意味の増殖とその豊饒さである。書物は世代を超えた対話を可能にする媒体であるだけでなく、そもそも書物あるいは文字はそこから無限の解釈すなわち意味を生み出すべき母体となるのである。そしてこの意味の多様性は人格の多様性に支えられている。レヴィナスにとって書物に書かれた文字通りの意味はそれほど重要ではない。テキストの表面には現れない隠された意味、これから生まれるであろう思いがけない新しい読み方こそが書物の生命であるのだ。彼はこのような意味の産出のことを「霊感」と呼ぶ。

霊感——語らんことの直接的意味のさらに下へと突き破るいまひとつの意味である。聴取され理解されたものを超えて聞きとるような聴取〈悟性〉に向けて、極度の意識、覚醒した意識に向けて徴しを送る意味である。いまひとつの声は第一の声のなかで反響するのだが、第一の声の背後から訪れるこの反響ゆえに、いまひとつの声はメッセージの様相をまとう。純粋なメッセージなのだが、しかし、このメッセージは〈語ること〉の一つの形式であるだけではなく、その内容を定めるものでもある。メッセージとしてのメッセージは、忌避しえない知解可能なもの、意味の中の意味、他者の顔の聴取を目覚めさせる。[22]

『存在の彼方へ』では、私のなかにつねに他者が浸透しているという「同のなかの他者」の説明として霊感（息を吹き込むこと inspiration）という言葉が使われていた。歴史論ではそれを踏まえつつ、テキストを媒介とした他者（他の作者）の浸透により意味が産出されることが、霊感になるのだ。

こうして生み出された意味は未来の人へ向けられた贈与となる。『他者のユマニスム』で提案された、〈死後の世界のための贈与としての作品〉というアイディアがこうして具体化している。書物を読み、書物を著すことは未来へ向けての贈与なのだ。未来の人が私の作品を解釈することで、作者である私にも思いもよらなかった意味を新たに産出する。このとき新たな意味産出の種となるというまさにそのことによって私の個別性が継承される。私の作品は私の意図を超える可能性、未だ語られたことのない意味の可能性をもつ。この未聞の意味の可能性こそが私の唯一性でもある。私が死んでも私の作品が私を超えることによって、私は私となるのである。このとき語られざるもの le non-dit が同時に歴史の本質となる。

聴取することが思考することでありつづけるためには、語られざるものが必要なのです。あるいは真理（あるいは神の言葉）が聴くものを憔悴させないためには、言葉はまた語られざることでもなければならないのです。[23]

くりかえしになるが、これは、『全体性と無限』の繁殖性概念、すなわち「息子は父親である私自身であるのだが、他方で全く新たなものとして更新され若くなっている」が変奏した姿である。私の作品を未来の人が思いがけない仕方で解釈してくれたときに私は生き返るのである。この意味でレヴィナス自身の作品を、固定した解釈、表面的な意味内容に閉じ込めることもまた決定的な誤りである。書かれていないことを取り出さなければ本を読んだことにはならない。

四つ目の要素は、人間が抱える現実である。

ネモ――ひとはどのようにしてものを考えはじめるのでしょうか。〔…〕
レヴィナス――たぶん、言葉という形ではおよそ表現しえないような外傷や手探りから始まるのでしょう。例えば、別離、暴力の場面、時間の単調さを突然自覚することといったものです。このような最初の衝撃が疑問や問題と化し、思考する機会を与えるのは〔…〕書物を読むことによってです。[24]

この文章のはじめは「まえがき」の冒頭ですでにあげた。レヴィナスにとって現実の最たるものはショアーであり、次に戦後のユダヤ人をめぐる困難で矛盾に満ちた政治状況だった。つまり言語表現の限界を超えた出来事に対して、それにもかかわらず表現を与えようとする試みである。意味の産出は外傷的な現実に対する応答であり、古きテキストの読解は（言語を超える）新たな現実に応答しようとするがゆえに、未だかつてない意味を産出することになるのである。意味産出の真の出発点は、私たちが直面する現実である。書物と現実とが出会うときに意味が生まれるのである。

　このアングルのもとでは主体とはテキストと現実とによって触発されることで意味産出する運動のことである。外傷の最たる例であり、集団的な歴史意識に関わる現実であったショアーについてのレヴィナスの思考を歴史の哲学という視点から次章で取り上げたい。

（1）TI, 269、『全体性と無限』下巻百四十頁。
（2）TI, 253、『全体性と無限』下巻百十頁。
（3）Agamben (1998)
（4）TI, 251-252、『全体性と無限』下巻百六頁。
（5）HAH, 44、EDE, 191、『実存の発見』二百七十六頁。
（6）HAH, 45、EDE, 192、『実存の発見』二百七十八頁。
（7）同前。
（8）TI, 315、『全体性と無限』下巻二百二十四頁。
（9）IH, 127、『レヴィナス・コレクション』三百七頁。
（10）IH, 140、『レヴィナス・コレクション』三百二十三頁。
（11）IH, 143、『レヴィナス・コレクション』三百二十七頁。
（12）EE, 102-103、『実存から実存者へ』百三十二－百三十三頁。
（13）IH, 145、『レヴィナス・コレクション』三百二十八頁。
（14）檜垣（2012）
（15）同前。
（16）TI, 300、『全体性と無限』下巻百九十五頁。
（17）AV, 136、『聖句の彼方』百八十三頁。
（18）AV, 9-10、『聖句の彼方』五－六頁。
（19）AV, 7、『聖句の彼方』一頁。
（20）EI, 115-116、『倫理と無限』百五十頁。AHN, 27、『諸国民の時に』二十八頁。
（21）AE, 263、『存在の彼方へ』三百八十二－三百八十三頁。

（22）AV, 137、『聖句の彼方』百八十五頁。
（23）AV, 100、『聖句の彼方』百三十五頁。

（24）EI, 11、『倫理と無限』十五－十六頁。傍点引用者。

終章 死者の復活——回復論としての歴史

「アウシュヴィッツの意味とは、何の約束もない全くの無償の苦痛なのかもしれません」（『諸国民の時に』）[1]

1——歴史意識としてのメシアニズム

起源のシンボルとしての歴史的出来事

本章では第6章で論じた外傷と妄想症状としての主体と、第7、第8章で論じた歴史哲学とを結びあわせて外傷からの回復と死者の復活を論じ、ここまで展開してきた議論の帰結を示したい。

レヴィナスが七十歳をすぎてから歴史哲学を練り上げたのは、ショアーに直面するために四十年近く必要だったからではないかと私は考えている。彼の歴史哲学はショアーの不条理を組み込んだものになっている。彼の歴史哲学は、正当化することが絶対にできない不条理を、しかし何らかの仕方で主題化する。受容しがたいものを理解可能なものに変換するという点では、外傷からの回復を論じるものでもある。本書ではレヴィナスの思想を外傷を基点として読解してきたが、彼の哲学は晩年に回復の基礎理論をも提示するのである。このことはレヴィナスが死者をどのように考えたのかという問題に接続する。最終的に彼は奇妙な仕方で「死者の復活」を説くことになる。(2)

レヴィナスが一九六一年にメシアニズムを捨てたことはすでに見た。そこではいかにして暴力に対抗して主体の可能性を確保するのかが問題になっていた。ところでレヴィナスは一九八四年にもう一度メシアニズムを詳細に検討し批判を加える。第8章で見たとおり、一九六一年の時点ではメシアニズムを超えて〈他の人の身代わりとしての主体〉という新たな主体性概念を導き出したのだが、一九八四年の検討では新たな歴史概念を導き出す。

そもそもメシアニズム自体が歴史意識である。かつて神によって創設されたユダヤ教が、未来において正義と平和を完成するという構造を持つからである。歴史意識である以上、過去との関係が重要になる。「思い出を超えて」(一九八四年に口頭発表)という題のタルムード講話を取り上げる。

ユダヤ教では、神の近さは思い出を通して体験されます。ですから、過去を重視することによって、つまり聖史(これはたいていの場合過ぎ去った時間とみなされているのですが)を基礎付けた数々の出来事や命令を重視することで、神の近さは体験されます。感受性とは、過去がユダヤ的心性にとって本質的であるようなものとして分節される場所です。意識とはまず語り narration であり、現在に意味を与えるような何らかの歴史がつぶやかれる内面性なのです。意識とは、単に新しいものを現実化することではありません。この現実化を担い秩序付ける過去の語りなのです。[3]

ユダヤ教そして一般に歴史意識においては、意識は知覚（「単に新しいものを現実化すること」）である以上に、過去の想起である。引用で問題になっている過去とは、出来事の忠実な記憶と記述のことではない。歴史意識においては、過去をいかに正確に記憶するかはそもそも第一の問題なのではない。過去が現在に対して及ぼす影響関係が問題なのである。では、この影響関係とは具体的には何であろうか。この問いは「出来事」の定義に関わる。

エジプトの脱出という過ぎ越し。ある民族を自由にしたこの脱出の喚起 évocation。自由が「掟」として成就されるシナイ山のふもとへの到着。これらのことがある特権的な過去を、過去の姿そのものを構成しているのです。〔…〕記憶可能なものの次元とは意識の精神性あるいは呼吸のごときものであり、この次元に現前する内容それ自体すでに解放 libération の思い出であり、それは解放された者たちの魂 âmes d'affranchis として体験されます。ユダヤ人は解放された者として自由です。その記憶は、何よりもまずこの世のすべての奴隷と呪われた者への憐憫であり、呪われた者自身が忘れようとしている苦しみへの格別な嗅覚なのです。[4]

ユダヤ教では出エジプトが過去の範例となる。過去は、年表によって意味を持つのではない。ある特権的な過去が共同体意識を規定しているのである。そしてこれはユダヤ教に特殊なことではないだろう。重要な出来事は現在を規定する。正確には、特権的な歴史的出来事の記憶が、宗教、共同体、政治体制といった社会制度を規定し、方向づける。たとえばフランス革命が現代ヨーロッパの民主主義を規定し、第二次大戦の記憶が現代日本の政治社会状況に影響し続けるのである。このような視点からすると、歴史的出来事の名に値する出来事は、必ず共同体を創設する機能を果たす[5]。それゆえ、「歴史におけるすべてが真なる歴史であるわけではないし、すべてがそこで歴史として重要なわけでもない。あらゆる瞬間が重要ではあるが、すべてが瞬間であるわけではない[6]。」と言える。瞬間つまり出来事とは、時間の流れのなかで起こる偶発事ではなく、共同体の創設と存続を規定するような過去のことなのだ。

　逆に共同体の起源を示すとされる出来事は、レヴィナス自身の記述にぶれがあるように、出エジプトであっても良いし、シナイ山での十戒の授与でも良いし、他の逸話でも良い。歴史的出来事とは、歴史的共同体という制度の誕生を指し示すシンボルである。このような制度の起源とは、始まりの日付のことではない。制度の起源とは、既存の制度から、新たな制度が成立したということを指し示すシンボルのことなのである。つまり、「出エジプト」の日付が問題なのではなく、その過去によって名指しされた新たな社会制度の生成が問題になっている[7]。出来事とは、共同体の誕生を示すシンボルのことである。

　しかし、一見するとあいまいな点が残る。右の引用によれば、このような共同体の起源としての歴史的出来事は、それでもなお実際に起こった出来事の思い出として体験されているのである。つまり、過去の記憶と、創設のシンボルという機能が混同されているのである。この混同も、ユダヤ教に特殊な事項ではなく、歴史意識に一般的な問題であると考えられる。歴史的出来事とは、過去の記憶と、共同体創設のシンボルというイデオロギー的な機能との混同によって定義される。冒頭の引用で、「聖史（これはたいていの場合過ぎ去った時間とみなされているのですが）を基礎づけた数々の出来事や命令を重視することで、神の近さは体験されます」と言われているが、ここでは、「過ぎ去った時間」が「聖史を基礎づけた出来事」と重ね合わされるということがはっきりと書かれている。過去の記憶と創設のシンボルの複合体がレヴィナスにとっての歴史的出来事であると言える。

起源の再活性化とメシア的未来

歴史意識とは、漫然と過去を記憶することではない。歴史意識とは、起源のシンボルの再活性化なのである。つまり、歴史意識とは、共同体を維持するために必要な、創設の反復（想起）なのである。それゆえユダヤ教の朝のお祈りでは出エジプトを想起する[8]。歴史的出来事は、共同体の存続する限り常に歴史意識として機能し続ける。儀式とは、神話の機械的反復や、迷信の証拠や集団的な熱狂といったものではなく、共同体を維持するための再活性化の技術なのである。

制度の命は起源の想起の可能性にかかっているとフッサールは考えたのだが[9]、起源のシンボルが、宗教においては想起の手引きとなるのである。起源のシンボルを想起することは、共同体の「原理」を絶えず再活性化するのである。この原理とはユダヤ教の場合は戒律である[10]。ユダヤ教は神という制度創設者を持つ。それゆえ、儀礼のなかでは起源のシンボルと共に神が想起されることになる[11]。神は創設的契機を創設したものとして、喚起されるのである。つまり儀礼とは、創設的契機の想起による共同体の維持であると共に、冒頭の引用からもわかるように神との関係でもあることになる。

レヴィナスにおいてはそれゆえ信仰という心理状態よりも儀礼のほうが重視される。儀礼の重視は「成年者の宗教」（一九五七年）でもすでに窺える一貫した態度である。逆に言うと、儀礼に力点を置いているときのレヴィナスは、特殊民族的な宗教としてのユダヤ教を語っているように思える。誰でも適用される倫理としての「ユダヤ教」と歴史的なユダヤ教とのあいだのあいまいさが彼のテキストのなかには常にあって緊張を生んでいる。

ユダヤ教という歴史意識の視点では、過去は年表の中に位置づけられるのではなく起源のシンボルとして、ユダヤ教という歴史的制度全体を規定する。それならば過去が未来においても作動し、共同体の終わり（成就）を規定していても不思議はない。

> 根源的な過去たるエジプト脱出は、個々の人間の時間とその有限的な持続を支配する思い出にとどまるわけではありません。歴史の時間が終末論的な大団円を迎えるまで、エジプト脱出は人間の総体的〈歴史〉に節目を刻みつづけます。〔…〕イスラエル人の解放は人類の救済そのものを先取りしています。イスラエル人が思い出す過去のうちには、未来がはらまれています。このような仕方で歴史は構造化されるのです〔…〕[12]。

共同体においては、起源においてすでに、未来における原理の成就、正義の成就が素描されている。終末はすでに起源に含まれている。ところで、ここで問題となっている歴史意識はメシアニズムである。終末において正義が成就されるという発想だ。

歴史意識を支える形式として良く知られているのは、目的論だろう[13]。始源が、その後の展開を決定し、終末は始源においてすでに形式的に予見されてはいるが、無限に到達しえないという構造は目的論もメシアニズムと変わらない。違いは、進歩の概念にある。目的論は過去に目的への進歩という方向づけを与えることで、偶然的な現象に秩序を与えるのである。目的論はこうして歴史記述の強力な方法論となる。

他方、レヴィナスはメシアニズムを、目的論的な歴史記述に対峙するものと考えてもいる。メシアニズムは進歩という概念を持たない。それぞれの人格が唯一性を保ちつつも意味を持つという一点においてメシア的歴史の統一性を得るが（つまり個人の多様性そのものが、歴史の統一性を作る）、出来事と人格が究極の目的のために整序され序列化されるわけではないからである[14]。おのおのの歴史的出来事は、年表とは無関係に同時的なものとして扱われる[15]。目的論が過去の現象の偶然性と歴史の進歩という必然性を重ねあわせることで、連続的な時間をつくるのに対し、メシアニズムにおいては時間は連続的ではないのだ。

2――思い出を超える歴史

メシアニズムの彼方

とはいえメシアニズムは特定の共同体の運命にしか関わらない。すでに第7章1で一九六一年にレヴィナスがメシアニズム概念を捨てたことは見たが、その理由は暴力への対抗策としては無力だったからだ。そして一九八四年には、特定の共同体しか救えないメシアニズムを超えて、普遍的な意味の可能性を保証する歴史概念をつくるためにメシアニズムを捨てるのである。

ベン・ゾマは、〔…〕今や、思い出の枠には収まらないユダヤ教の時間を、ひいては人類の時間を垣間見ています。かかる時間の意味は別の場所から来ることでしょう。〔…〕隷属や隷属からの解放よりも意義深く、またそれらとは別の仕方で意味するような未来へと、ユダヤ教と人類は開かれています。他の人間の意志からもぎ取られたものでしかない自由より以上に自由で、かつより人間的な自由へと、おそらくはより苦悩に満ちた自由へと、エジプト脱出の奇跡よりも奇跡的な自由へと、ユダヤ教と人類は開かれています。〔…〕つまり、思い出のうちに蓄積され、思い出に執着するような歴史を超越した歴史が存在するのです。記憶をはみ出す歴史、その意味において想像不可能な歴史。いまだ全く知られざる歴史。いかなる個別の国家にも到来したことのない歴史。(16)

歴史には、思い出すなわち共同体の創設のシンボルによっては規定されていない別の次元がある。この次元では、過去の想起と未来の予測という歴史意識の軛《くびき》を逃れて、人はより自由になる。出来事が、創設の目印という規定から離れて、その本来の偶然性のままで過去の現象として出会われる。意味は想像不可能、予見不可能な新たなものとの出会いとして考えられることになる。偶然との出会いは必ずしも幸運なものではないから、「苦悩に満ちた」自由と言われているのだ。

メシアニズムにおいては、未来はその唯一性を保持しているとはいえ、実現されるべき正義によって規定されていたのであったが、思い出を超えた歴史においては、未来は完全な新しさ、予見不可能性をもって出会われる。過去を基準にして未来を推理する態度は退けられるのである。未来の意味は、予見不可能なほど豊かな可能性を持っているわけであるから、メシアニズムのなかで規定された意味より豊かなのである。思い出を超えた歴史とは、未来があらかじめ起源によって規定されていないような歴史である。共同体の創設を支える記憶というイデオロギーに規定されている日常的な意識にとっては、この別の歴史は「想像不能な歴史。いまだ全く知られざる歴史」である。レヴィナスはタルムードの枠のなかで考察しているが、出来事の記憶を無効にすることで、同時にユダヤ共同体の枠を無効にする。彼の考察はユダヤ教の枠組みを内側から壊して超えてゆく可能性を持つ。

現在における破局の経験は社会制度一般と歴史記憶を無効にする

思い出を超える歴史と出会うために、レヴィナスのタルムード論は（「メシア的テキスト」でも暗示していた）「ゴグとマゴグの戦争」という「全面戦争」、文明の完全な破壊と災厄に言及する。

ある戦争ではなく戦争そのもの、全面戦争です。すべての思い出の凌駕です！〔…〕究極の未来における「永遠なる主への快哉」はそれに先立つ戦争の非人間性によって告知されるというのでしょうか。ラヴ・ヒア・バール・アバはこう言っています。「すべての預言者たちはメシアの時代について預言したに過ぎない。ああ、永遠なる主よ、あなたの目を除いてはいかなる目も未来の世界を見ることはなかった。未来の世界は、それを待望する者たちのために造られる」。未来の世界を待望する者たち、それは預言することなく待望する者たちです。〔…〕預言者は歴史的時間についてしか預言しません。〔…〕ラヴ・ヨセフが名指したもの、それは、最終的に待望されている「未聞の」事態に先立つ非人間的な試練なのです[17]。

メシアの到来を告げる預言とは、メシア的未来を想起することでユダヤ教制度を再活性化する方法であった。これに対し思い出を超えた歴史における未来は、預言では捉えられない。共同体を破壊し尽くす災厄という歴史意識のプログラムを超えた破局において、預言（歴史意識）は無効になる。そのとき共同体の外部という場が経験的にも実現する（それゆえ、この破局は神の国に先立つ最後の審判という共同体の枠内での未来ですらない）。このような破局は時間軸の未来にあるのではなく、共同体とは異なる水準の歴史として常に現在において切迫しているのであり、常にユダヤ人の生存を脅かしてきた迫害の歴史そのものがその範例となる[18]。

ユダヤの歴史を特徴づけるショアーは、ユダヤ共同体を超えることを論理的に要請する。とりわけショアーは、歴史意識が創設する社会秩序を現実的に無効にする（レヴィナスはショアーとスターリニズムに触れる[19]）。思い出を超える歴史における現在とは、潜在的な制度の瓦解可能性と予測不能な未来とに直面することである。予測不能な未来に対して開かれるためには、無意味と接した不安定な現在を生きなければいけない、「相対的な現在のなかに絶対的未来の大胆な先取りを聞き取[20]」らなくてはいけない。

こうして無意味、ショアーの「記憶」は、歴史意識を無効にして予測不能な水準の歴史を明らかにした。しかし、過去の無意味、ショアーの「記憶」はもう一つ別の機能を持つ。

> イスラエルびとはさまざまな土地に、永遠の異郷に散らばっています。〔…〕これらの土地は、土地をそれでも居住可能なものにした法的秩序さえも絶えず揺るがすのです。しかしながら、この段階では依然として、歴史はその構造を維持した世界のうちで営まれており、そこには歩行や彷徨や逃亡の可能性が未だ残されています。野蛮と砂漠の思い出は、消去可能な思い出の域をいまだ出るものではありません。ところが今度は飢えた子どもたちの死がヘビの檻の中へ、もはや場所ならざる場所へと私たちを投げ捨てるのです。〔…〕これはたしかに忘れることのできない場所です。が、それはまた、記憶のうちに宿ることも、思い出として整序されることもない場所です。今世紀にも私たちはこの檻を経験しました。(21)

ショアーという「場所ならざる場所」は、対人関係の不可能性が歴史的に現実化したものである。ショアーは、それまでのユダヤ人の迫害の歴史とは本質的に異なる意味を持つ。以前はたとえ劣悪な条件でも、逃亡という形であったとしても生存の可能性は残されていた。このような過去は思い出であり、思い出である限り忘却することもできた。ところがショアーという生存の不可能性は、記憶することも忘却することもできない。

まず災厄の無意味は思い出として整序することができない。最終的に集団的な記憶に記述される記憶といえども、元はといえば、個人の体験である。体験は必ず意味として構成され、記憶に沈殿し、それが様々な変容を加えられて最終的に集団的記憶や歴史記述に固定される。過去は、必然的に言語的記憶として伝承される。しかし、表現可能な意味とならなかったものは、言語的記憶となりえない。災厄の無意味は、歴史記憶のなかに記入されない。この点はアガンベンが詳細に論じたところである。(22) みずからの死の経験や、極度の身体的苦痛を記述することは経験的にもできないし、他者の死や文明の完全な瓦解の経験もその本質においては表現不能である。表現不可能である以上災厄の無意味は、その本質においては後世に伝承しえないし、想起不能なものは共同体の出発点ともなりえない。

しかし、記憶不可能でありながら忘却しえない「思い出」とは何であろうか。災厄の無意味は、意味に回収できないがゆえに歴史記憶とはなりえない。しかし記憶とは別の仕方で現在に作用し続ける。レヴィナスがはじめてショアーに直面したテキストである「名前なしに」で「記憶のうちの腫瘍」「眩暈」(23) と呼ばれていたことにはすでに触れた。個人の水準の外傷体験は記憶となることなく、フラッシュバック・悪夢・身体の不調・不眠や重たい抑うつとして作用する。レヴィナス自身も、他者の死の経験という意味となりえないものが主体に作用し続けることに触れている。(24) 集団的な災厄の無意味もまさに同じように機能する。通常の出来事が忘却の対象になるのに対し、外傷は記憶とは別の仕方で非主題的に作用するがゆえに忘却しえない。

文明は常に潜在的に瓦解する可能性を持つばかりでない。過去において現実化した無意味は外傷として、起源のシンボルとは異なる仕方で（ゆえに歴史意識に還元しえない仕方で）未来を触発し続ける。レヴィナスはＰＴＳＤを個人の心理的な問題ではなく、歴史の問題として考えようとした哲学者でもあったのだ。

すべての現在が絶対的な未来へと開かれているのであるが、様々な文化的制度（社会組織、文化的伝統、歴史意識）がもたらす連続性の見かけは、この未来の予見不能性を覆い隠し、歴史を予定調和的なものに回収する。しかし未来の予見不可能性がなかったら、歴史は機械的で、化学反応のような規則的な運動になってしまうだろう。ショアーの外傷は、出エジプトの思い出にもとづいて共同体の未来を予測することを不可能にする。レヴィナスは、歴史意識が前提とした連続性の背後に、予測不能な未来に対する受容性を見出した。しかしそのためにはショアーのショックを必要とした。

3――世界の反転

しかしまだ、この予測不可能な絶対的未来が、具体的に何を指すのかは明らかになっていない。もしこの絶対的未来がなにか否定的なものにとどまるなら、つまり人間の生存を保証しないなら、それは歴史の可能性とはなりえないだろう。絶対的未来とは、生存不可能な世界にあってなお生存を可能にする条件、無意味のなかで意味の可能性を確保する構造のことを指している。つまり、レヴィナスが発見した別の歴史性とは、単なる未来の予測不能性、出来事の偶然性ではなく、世界に潜在的に内在する瓦解可能性と再生の可能性のことなのだ。レヴィナスにとっては、ショアーの試練がこの構造の範例となる。ショアーは、経験的な出来事であると同時に、歴史性の超越論的な構造として考えられている。

ここで再び「名前なしに」を参照する。

人間的に生きるためには、人間は彼らが生きている壮麗な文明よりも限りなく少ないもので足りる。——これが第一の真理である。〔…〕一九三九年から一九四五年にかけて生じたあらゆる形式の急速な消耗は、他のいかなる徴候にも増して、私たち〔ユダヤ人〕の同化の脆さを思い起こさせるものだった。私たちが都市の住人となって以来、なくてはならないものと思えていたすべてのものの相対性が、戦争状態にある世界、戦争の掟さえも忘れ果てたこの世界の中で突如として現れたのであった。私は砂漠に、景色を欠いた空間に、墓のように私たちを収容しうるちょうどそれだけの大きさの空間に連れ戻されたのだ。〔…〕ゲットーとはそのようなものでもある。それはただ単に世界との分離ではないのである。(25)

ショアーと第二次大戦の破局は、制度が失われた世界を現実化したのだが、それでも人間は生き延びることができる。これが第一の真理である。ショアーは、一見盤石で予測可能な未来を提供するかに見えた諸制度が本質的には脆いもの、相対的なものであるということを教えた。世界は常に壊れうる。しかし逆説的ながら人間の生存に不可欠なはずの制度、文明が無くとも生きることができる。問題は、その場合何が生存を可能にするのかということである。それこそが、最も本質的なものであろう。これは第二第三の真理で明らかになる。

しかし——これが第二の真理なのだが、そしてこの真理も古来の或る確信ならびに古来の或る希望と重なり合うものなのだが——かくも多くの価値の脆さが明らかとなった決定的な時にあっても、人間の威信はまさにこれらの価値の再興を信じることにあるのだ。「何でもあり」のときの至上の義務、それはかかるときにもすでに、これら平和なときの諸価値に対して責任を感じることである。(26)

第二の真理は、無意味から意味、つまり価値や制度を再興する可能性を信じることである。ショアーが示したように、無意味、文明の消滅は常に可能性として待機しているのだが、逆に無意味から意味を再興する力も常に作用しているのであり、これを信じる必要がある。神や救済への信仰は捨てたレヴィナスだが、意味産出の可能性への信は捨てていない。この意味への信は無意味を即座に反転する「ごっこ遊び」を使う。無意味な苦痛、不条理な世界があたかも一挙にいま救済されたかのように振る舞うこと、これがメシアニズムとは区別される終末論である。これは単なる夢物語ではなく、意味の可能性を確保するために必要な地平である。三つ目の真理はこのような無意味を意味へと反転する可能性を伝承することである。

しかし——これが第三の真理なのだが——文明ならびに同化が不可避的な仕方で復活した今となっては、私たちは、孤立したときにも強くあるために必要な力を、孤立のなかで脆い意識に自制するよう要請すべきすべてのことを新しい世代に教えなければならない。たがいに出会うことも知り合うことさえもなく、まったき混沌の中にあって、あたかも世界が解体していないかのように振る舞うことのできた者たち——ユダヤ人ならざるものとユダヤ人――の記憶を呼び起こしつつ、対独レジスタンスを呼び起こしつつ、言い換えるなら、みずからの確信とみずからの内奥 intimité だけを源泉としていたレジスタンスを呼び起こしつつ、こうした思い出をとおして、ユダヤの数々の文書に向かう新たな通路を開き、内的な生に新たな特権を取り戻させなければならない。内的な生 vie intérieure ――かくも多大な現実主義と客観主義を前にして、この取るに足らない語を口にすることを、人は恥辱とみなしているほどなのだが。(27)

レジスタンスはナチスドイツ占領下のフランスで、あたかも世界が壊れていないかのように振る舞うことができた。つまり現実を終末論的に反転した人たちなのだ。奇妙な一文である。「内的な生」とは（他のタルムード講話を参考にすると）テキストの読解によって意味を産出することである。つまり解釈学によって意味を産出するためには、ショアーにおいて意味の完全な破壊のなかであたかも意味が存続しているかのように振る舞えた人たちのことを思い起こす必要があるといっているのである。無意味を即座に意味へと仮想的に反転する力があった特権的な人たちを思い起こすことこそが、意味を産出し続けるためには必要なのである。かつて現実を反転しえた人を今思い出すことが、未来へ向けて意味を産出するための条件になるというのである。複雑な時間性である。意味の産出こそがレヴィナス哲学の中核に位置するのだから、歴史が可能になるためにこそ、無意味を即座に意味へと反転する力が必要なのである。

伝承しなければならないのは、伝達しえない無意味の経験、ショアーそのものではなく、無意味のなかで意味を再興しようとする力である「内的な生」、レヴィナスが理論的著作の中で

「意味性 signifiance」と呼ぶ、意味一般を可能にする契機である。内的な生あるいは主体は、世界つまりすべての制度を維持するために欠かせない。制度一般の作動を支える。このような主体の可能性は、それが不可能になる災厄において逆に露わになるのだ。この点は、外傷を出発点として主体を見出す今までの議論と同じである。レジスタンスを語るこの一見時事的なテキストは、主体と制度の伝承を問題にしているのである。

　このような無意味の反転の可能性は実はすでに一九四七年には垣間見られていた。『実存から実存者へ』は、一九六一年に捨てられることになるメシア概念を導入する。(28)『著作集』の刊行によって実は捕虜だったレヴィナスがメシアについての考察を深めていたことが明らかになった。この一九四七年の著作でのメシア概念も背景があったことになる。『全体性と無限』と同じように、外へと脱出することを保証する審級としてメシアが要請される。しかしここでのメシアは『全体性と無限』のメシアとは全く異なる性格をもつ。歴史の終わりではなく、今ここで世界を救済する力としてメシアが考えられているのだ。

「救済不可能な苦痛を今ここで救済する」という〈不可能な現在〉を設定することで、レヴィナスは意味の地平を確保しようとする。救済とは未来において天国が実現することではなく、今ここで苦痛に満ちた救済不可能な世界が反転して救われるということなのだ。第7章で否定したユートピアによる救済とは異なる「救済」が考察される。このように不可能な極限値を設定する意味を保証する方法が、後期へと受け継がれていったのだ。

　希望の真の対象は〈メシア〉あるいは救済である。

苦しみのなかで触れる慰める者の愛撫は苦痛の終わりを約束するわけではないし、贖いを告げるわけではない。接触において経世の時間における「後ほど」と関わるわけではない。〔…〕苦痛が贖われるわけではない。〔…〕この瞬間に回帰することができなくては、あるいはこの瞬間を復活させることができなくてはいけないのだろう。望むとは、取り返しがつかないものの取り返しを望むことであり、それゆえ現在のために〔の代わりを〕望むespérer pour le présentことなのである。(29)

時間の本質はこの救済の要請に応えることにあるのではあるまいか。未来とは何よりもまず現在の復活ではないであろうか。(30)

一九六一年に批判された未来の救世主とは異なり、一九四七年のメシア概念では、今この瞬間に無意味が意味へと即座に反転されてしまうような実現不可能な現在、これがメシアの時間であり復活であると考えられている。この発想は、次節で見るように、時を隔てて回帰することになる、レヴィナス独特の時間意識なのである。

人間は常にさまざまな過去の制度を伝承すると共に、新たな制度を創設してゆく。さもなければ、連続性と、創造性（不連続性）という歴史の二つの面が満たされない。災厄においては伝承されるべき制度や価値が消尽してしまうので、創造性が裸で現れる。この力が、「内的な生」なのである。このような無意味を意味に転ずる力の伝承こそが、レヴィナスが発見した歴史性と呼ぶべきものである。

4——死者の復活

存在の彼方の地平構造としての死

西欧近代の哲学は事物を認識する意識に視点をおいて議論を組み立てた。これに対して、後期のレヴィナスは他者と出会うことを可能にする構造のなかに視点をおいて、人間の経験と世界を記述しなおした。こうしてみると全く異なる風景が広がってくる。さらにレヴィナスは、極限値を思考することで議論を組み立てる。責任は背負えば背負うほど亢進する。苦痛もまた耐えることができない苦痛に到る。他者論から組み立てられた哲学はその外延に極限値を組み込むのである。このような極限値の思考を彼自身「誇張法 hyperbole, emphase, surenchère」と呼んでいる。以下ではこのような誇張法の視点、とりわけ死との関係から第6章の内容を読み替える。こうすることで第6章の他者論と歴史概念との連関が明らかになる。

「無駄な苦しみ」（一九八二年）のなかで、レヴィナスは疼痛緩和の問題に触れながら、私の苦痛それ自体は自己を破壊するようなものであるが、それが他者の苦しみの身代わりとして苦しむとき、苦痛は意味を持ちうると言っている。ダニエル・コーエン゠レヴィナスから聞いたところによると、一九八六年から八七年にかけて、レヴィナスはある病院の倫理委員会に積極的に参加し、緩和ケアに携わる医師や看護師と議論を重ねたそうである。

このような〔倫理的〕展望のもとでは、他者における苦しみと私における苦痛のあいだに根本的な差異が生じる。前者の苦しみは、私にとっては許容できないものとして、私に懇願し、私に訴える。一方、後者の苦しみは、その組成からして生まれながらに無駄なものである苦しみが意味を得るような私固有の冒険である。たとえ容赦ないものであっても誰か他の人の苦しみゆえの苦しみとなることが、苦しみが受け入れ可能になる唯一の方法なのである。(31)

一九三四年のナチズム論以来レヴィナスの思想の全行程を貫くのは無意味を意味へと反転する運動である。意味といっても言葉の意味のことではない。生きる意味の確保と外傷や疾患・暴力といった無意味の克服が主題となる。外傷の切迫という無意味に脅かされた場合、自分一人では主体を確保できない。つまり初期のレヴィナスが頼ろうとした主体生成 hypostase では届かない。外傷とは主体生成が不可能である状態のことだ。あるいは『全体性と無限』のように暴力を排除しようとする試みもまた失敗に終わる。すでに起こってしまった暴力を避けることはできない。外傷に対抗する自己定立の可能性を記述するためには、外傷的状況そのものを意味に転換するような対人関係の枠組みが必要になった。自己性を破壊する苦痛は、他者から切り離されるときには外傷体験となるが、対人関係のなかで生じるときには（身代わりとして）自己を個別化するために必要な極限値となる。このとき自己そのものの契機として極限の苦痛が要請されることになるのである。

具体例を挙げると、心理療法の世界でも心的外傷を引き起こす最も大きな原因は、苦痛の大きさではなく他者への信頼感の破壊であることが知られている。孤立無援の苦痛のなかで他者から見放されることが心的外傷の根本である[32]。それゆえ外傷の治療においては他者に対する信頼感の確保が治療の第一歩となる[33]。もしも苦痛が他人のための受苦としてポジティブな人間関係とみなしうるならば、他の人へとつながる可能性は確保できるので、精神疾患としての心的外傷にはならないだろう。逆説的ではあるが、レヴィナスが外傷を語るとき、彼はまさに外傷に抗う道を模索している。自己の定立とは、それを不可能にする外傷に抗う構造としてしかありえないという点で、外傷の可能性を前提としている。

次に他者の死を論じた七五年の講義録を引用する。

> 他者は彼に対して私が持つ責任のなかで私を個別化します。死にゆく他者の死は私の責任ある自我の同一性において私を触発するのです。ただしこの同一性は実体的なものでも、単に同一化のさまざまな行為の一貫性でもなく、曰く言い難い責任から成り立っています[34]。

あらゆる生きている人は実は常に死につつもある。私自身も死（あるいは傷つきやすさ）を抱え込んだ身体であるが、死につつある他者に対して責任を負おうとする関わり、すなわちケアにおいてのみ、自己を維持することができる。死んでしまうかもしれない人として他者が切迫するがゆえに、私の唯一性 unicité を生み、レヴィナスが責任と呼ぶ関係を生じさせる。このとき、未だ死を意識してはいなかった幼児的な母子関係とは別の地平に自己は立つ。死を知らない幼児であれば、突然の親の死は離別不安を起こし外傷となる。つまり端的に自己が壊れる。しかし死というものの存在を知っている人にとっては、「君は死ぬかもしれない」あるいは「君より先に私が死ぬかもしれない」という触発において自己は個別化を手にし、他者もそのかけがえのなさ、唯一性を得る。単なる自己意識ではなく自己と他者の潜在的な死に関わることで、人間は真に個別化する。それゆえ対人関係は死を地平の一つとして持つ。ここで誇張法が要請されるのである。このとき愛着（レヴィナスの言葉では「住居」）とは異なる構造が出現している。愛着の安心感は死という可能性を知らないからである。

死は極限値であるが、死は日常のあらゆる瞬間に触発している。ハイデガーは自分の死についてそう主張したが[35]、同じように他者の死もまた常に私を触発している。極限値は地平として日常的に作動している、つまり私たちの生は「異常かつ日常的な出来事[36]」なのである。

レヴィナスは他者との関係が事物の認識とは異なる仕方で生じるという次元を指すために無限あるいは彼性 illéité という言葉を使っている。無限は神を意味することからして、レヴィナスの思想における「神」とは、この他者との関係が生じる次元そのもののことを指すことになる。そしてこの次元はその外延に死との関係を含むのである。

〔顔は〕彼性の痕跡である。彼性は、存在の他者性の起源であり、対象性の即時性は彼性を裏切りつつそれと融即する。〔…〕神の似姿であるとは、神のイコンであるということを意味するのではない。そうではなく神の痕跡のなかに自らを見出すということである[37]。

人間が神の似姿であるとは、対人関係を結んでしまうことであり他者の死を気遣ってしまうということである。自然法則とは別の水準で何かが起きてしまうということだ。レヴィナスはこれを神の痕跡と呼ぶ。レヴィナスの神は宇宙を創造した神ではなく、人間関係を創り出した神であり、すでに見たようにテキストによっては聖書（トーラ）と解釈学を創り出した神のことである。被造物であるとは、他者が死ぬということによって常に触発されているということなのである。

それゆえ他者の死と私の死という二つの極限値ゆえに人は他者に対して唯一性・かけがえのなさ unicité を感じる。とすると、かけがえのなさとは潜在性にとどまる外傷体験のことであろう。これこそレヴィナスが倫理と呼んだものである。心的外傷の潜在的可能性が倫理的な人間関係を支え、心的外傷の現実化を抑止しつつ自己を個別化するのである。

死者の復活

このような死者の地平を具体的に考察したものとして、しめくくりに『存在の彼方へ』と同時期のテキスト「アグノン、詩と復活」（一九七三年）を取り上げたい。レヴィナスのなかで私が最も好きな文章である。アグノンというイスラエルの作家を論じた二つの部分からなる。前半では婚礼の仲人をしている語り手がユダヤ教の典礼の文句を唱える場面、後半はショアーで絶滅したポーランドの街の廃墟で語り手が亡き知人たちの亡霊と出会う場面が引用される。ここでは後半部分を検討したい。

アグノン論は様々な意味であいまいだが、その理由の一つは後半に提示される二つの両義性にある。一つは生者と死者が若干の差異を残しつつも似ていること、[38] もう一つは自然な死とショアーによる不合理な死とのあいだに線が引かれつつも同時に区別があいまいになることである。[39]

まず前者を扱う。レヴィナスは虐殺された死者が復活するというアグノンの短編小説を引用する。

「そして私は、あたかも死者の復活の時が来たかのように、私の町のなかにいた。死者たちの復活の日のなんと偉大なことか！ 私は少しだけこの日を味わった。というのは、私は、突然にも同郷のひとびとに、死んだ兄弟たちに取り囲まれていた（彼らは『その世界にふたたび戻ったのだ』）。生前、私の町のどの祈りの館でもそうであったように、彼らは私の前にいたのだ…… 動揺して立ちすくみながら、私は私の町の住人たちを見つめた。彼らの目のなかには、私がこのような姿であり、彼らがそのような姿であることを非難する様子はまったくなかった。にもかかわらず、彼らは苦しんでいた。大きな恐ろしい悲しみに染まっていた。ただ、ひとりの老人だけが唇に笑みのようなものを浮かべてこう言った。「そうなんだ、一歩踏み越えたんだ。つまり、われわれは一歩踏み超え、背後に悲嘆の世界を残してきたのだ……」」。

死者と生者は等しい。ただし、「一方はこのような姿であり」、「他方はそのような姿である」のだが！〔…〕一人称で語ることをやめつつも私たちに語りかけるこの死者たちは、死から解き放たれているのではなかろうか。死それ自体のうちで復活したのではなかろうか。[40]

「死者と生者は等しい」。死者の復活は生と死の区別を無効にして、対人関係の地平を拡大する。これは先ほど出会った〈実現不可能な現在〉〈外傷的な現実の今ここでの反転〉としての「救済」概念と呼応している。（空想や幻想かもしれないが）死者とのあいだでも対人関係は成り立つ。死者を人間性の地平に収めない限り、歴史は不可能であり、過去の無意味を修復する可能性が断たれる。そもそも死者と生者とが関係を結ぶ可能性がなかったとしたら、死んだ人が私にとって意味を持つことも、私の死が生き残った人にとって意味を持つこともなくなってしまう。つまり死者の追悼だけでなく喪失による外傷もなくなってしまう。外傷があるという事実が、死者が意味を持ち死者とのあいだに関係をもつ地平を証明しているのだ。この地平が保証されないと世代を超えた意味の創設が不可能になる。

アグノンとレヴィナスは死者との関係を確保することで人間の唯一性の地平の最大の外延を見ている。「他者の喪失が対人関係の地平に刻まれている」ことで外傷の可能性を生み出す一方で、死者との可能的な出会いのなかで対人関係の地平を広げる可能性によって死に意味を与える可能性、死者を悼む可能性が生まれる。

次に自然な死とショアーにおける死との距離である。復活した死者は「悲しそうである」が私を「責めていない」。死を認めつつ外傷とは異なる仕方で死者と関わる。一般に近親者の不合理な死は遺族に強い罪障感を残す。死者との対人関係が可能になっただけでは、それは外傷的な体験でしかないかもしれない。アグノンとレヴィナスは「私を責めていない」という言葉で罪障感や外傷とは異なる仕方で他者の死を受容する可能性を開いている。非業の死を遂げた人としかしポジティブに出会い直しうる可能性を（空虚な可能性にすぎないかもしれないが）レヴィナスは想定している。

さらにレヴィナスは生と死を包摂する地平を開こうとする。

一方には大虐殺の犠牲者たちの記憶 mémoire に捧げられた明かりがあり、いま一方には、自然死した者たちの思い出 souvenir に捧げられた明かりがある。「天」ではこれらの明かりが区別されていることを希望しつつも、なぜアグノンはこれらの死者たちを追悼する明かりを見つめながら、そこに同じひとつの輝きを見いだしたのだろうか。イスラエルの統一性を——言い換えるなら、他者に捧げられた人間たちの不可避的な結びつきを——そこに認めようとしたのでないとしたら、いったいなぜだろう(41)。

このような地平に私自身はたとえば緩和ケアの専門看護師や人工妊娠中絶や死産のケアに携わる助産師へのインタビューにおいて出会ったことがある。死んだ赤ちゃんとまた再会しうると助産師が想定しうる限りで、あるいはがん患者自身が死んでも思い出をあの世に持っていけると考えうる限りにおいて、患者も看護師・助産師も、外傷的になりかねない現実を引き受けうるのである。

他者の死との関係において無意味から意味へと転換する可能性もありえるのだという可能性が垣間見られる。言い換えると、もはや出会うことが不可能であるような対人関係の可能性を考えることで意味産出を確保する。これもレヴィナスの方法である誇張法の一つの例である。死者との対話は現実化したら幻覚かオカルトだが、意味を確保する構造として必要とされている。仮想的であれ意味の可能性が開かれなければ、生き残った人は（不条理・不合理から脱出のしようがないので、あるいは想像においてすら贖罪の可能性が閉ざされているので）罪障感に耐えられない。レヴィナスが忌避するパガニズムの例ではあるが、例えば恐山の「いたこ」は死者と再会する方法であり、「いたこ」に憑依した死者は、口寄せを頼んだ人を責めることはないだろう。レヴィナスは対人関係の欠損のさなかにあって、喪失した他者と肯定的に関わる可能性を創設しようとしている。

これは容易なことではない。ショアーの生き残りであるアグノンやレヴィナスがここで要請しているのは、かけがえのない他者の喪失において、にもかかわらず意味産出の軸として対人関係が機能するための要件である。それがなければ喪の仕事は不可能になり、外傷体験の治療は不可能になってしまうだろう。破壊されたはずの対人関係がそれでもなお触発する可能性が、外傷とその治癒を可能にする。このような対人関係の欠損においても働く対人関係は現実化した場合には心的外傷その他の疾患に他ならないが、構造としては必要とされている。レヴィナスは誇張法によって、〈経験的に実現した場合には精神疾患であるが、可能性としては誰にも伏在する構造〉を探求しているのだ。

外傷と解釈学

〈健康な人が経験することはなく、万が一現実化したときには病的な現象となる潜在的可能性〉にレヴィナスは初期から出会っていた。初期のレヴィナスは、肉体的苦痛・疲労・不眠を通してこれを思考した。いったんは、「ある」を克服する構造として主体生成hypostase、そして次に対人関係（エロスや母子関係）を見出したわけだが、根本的な対人関係の破壊としての「ある」の経験は、この構造ではカバーできない。ここで「倫理」と彼が呼んだ構造が導入されることになる。無意味の範例としては他者の苦痛と死が取り上げられることになり、最終的に誇張法が論理的に要請されることになる。

七〇年代に聖書解釈学が重要な主題になるのは、おそらく以上の議論と関係がある。不合理に死んだ他者という無意味の地平がある。不条理と直面する方途として、現前しない他者との関係を結び直す「解釈学」すなわちテキストを介した死者との対話と未来への呼びかけが要請された。これこそが「復活」とレヴィナスが呼んだものなのである。解釈学、あるいは一般化すれば「過去に生起した語りを現実に照らしながら解釈することで、新たな意味を産出して未来へ送り続ける仕組み」が、無意味を受容しつつ意味を創設し続けるためにレヴィナスが見出した最後の装置なのである。

ここから言語能力獲得以前、特に死の観念を獲得する以前に生じた別離によって触発された心的外傷の深刻さが理解できる。この段階では、他者の死や欠損を不在・別離として了解し、（空想のなかでにせよ）可能的な対人関係を回復することができない。欠損は穴埋めされることなくとどまる。ウィニコットは数多くの深い抑うつに苦しむ成人の臨床において、このような幼少期の外傷事例に出会ったのだった。死を射程にいれた上での意味産出の装置としての解釈学は、比喩ではなく実際にも外傷に抗する装置なのである。

このように考えてくると、特異な時間構造を持つ歴史が構想されていることがわかる。これはアグノン論二つ目の論理的なあいまいさである「寿命を全うした生と不合理な死とのあいだの差異の抹消」に関わる。ここでレヴィナスは反語的な問いかけで以下三つの要点を提示している。

まず、意味と無意味（不合理で受容不能な外傷体験）の差異が保たれつつ、比較不可能なはずの両者を包摂する対人関係の地平が確保される。これであらゆる可能的な対人関係が視野に入れられる。アグノン論やいくつかのタルムード論では「イスラエルの統一[42]」という名でこの地平が名指されている。イスラエルの統一とは、ユダヤ教を奉ずる民族が国民国家を形成するということではなくて、不条理な死を遂げた死者たちとも和解しうる死者との共同体、そしておそらくはこれから生まれてくる未来の人との〈意味〉を媒介とした共同体を作ることである。

次に、とはいえ他者の不条理な死は、受容不能な不合理という位置を維持し、それが薄められることはない。無意味は抹消・否認・合理化されない。

〈生命〉の〈トーラ〉を守る者たちに暗殺者が死をばらまいたことにアグノンはなぜ驚くのか。もしも悪のなかに〈悪〉（苦痛のなかに〈苦痛〉）、死のなかに〈死〉を認めるためでなかったならば〔…〕[43]。

アグノン論ではいったん「イスラエルの統一」として、死者を含む人間関係の最大の外延が確保されたにもかかわらず、死者と生者の差異は見えない仕方で確保され、非業の死を遂げた人と寿命を全うした人との間にも見えない差異が確保される。そして死の不可解さゆえに生と死の境界も確保される。外傷を否認することではなく、外傷を認め、そこから意味を作り直すことが問題になっているからである。つまり外傷の心理療法と同じことが問題になっている。

三つ目に、受容不可能な不合理は、現実には解消できないのだが、それでも受容不可能な現実を受容可能なものへと「仮想的に」反転する。

不合理な死つまり悪の蔓延にもかかわらず、でも「〈生命〉のトーラ」を讃えるのは、「死のなかの非死」、「無意味のなかにそれでもある意味」の可能性を見て取るためである。[44] 対人関係の地平を開いたとしてもありえる無意味を意味に反転する装置を持たない限り、主体は壊れる。外傷を反転しうる「不可能な現在」を終末論は要請する。果てしない未来において救済された世界を想定する『全体性と無限』のメシアニズムとは異なる終末論である。一九四七年の『実存から実存者へ』の終末論と近い。アグノン論では、受け入れがたい不合理な死を反転して、現在において死んだ知人たちと出会う可能性、つまり現前しない他者との間の対人関係を確保する。無意味と意味を包摂する地平と、無意味と意味の差異の還元不可能性が確保されている限りにおいてこの無意味から意味への反転は考えうる。

第5章で一度登場した、「贖い」[45] という言葉の意味がここで明らかになる。贖いとは、この取り返しのつかない事態の経験上は不可能な（仮想的）反転のことである。[46] つまり「ある」と他者性の全重量を同一視するとは、[47] 無意味性（不条理）を有意味な対人関係へと反転する実現しえない可能性のことであり、これがレヴィナスの思想を支えている時間構造である。現在とは、取り返しのつかない過去の不可能な反転の可能性なのである。

反実仮想における死者との関係は、生きている人の死の可能性の裏返しになっている。レヴィナスが倫理と呼ぶ無意味を意味へと反転する装置は、目の前の相手のなかに死の可能性を見てとること、あるいは私の死により他者のもとを去る可能性が触発すること、つまり対人関係が欠損する可能性を背景にもつ。現実の対人関係のただ中での対人関係を喪失する可能性、そして喪失した対人関係の再構築の可能性がレヴィナスの主体概念を下支えしているのである。生者のなかの死と死者のなかの生、この二つの構造が相補的に支え合っているのだ。

不条理な世界のなかで意味を確保するレヴィナスの構想をまとめよう。（1）私が苦しむ極度の苦痛は、しかし他者のための苦痛に反転したときに意味の出発点となる。（2）「ある」あるいは他者の不在もまた、潜在的な他者の切迫である。（3）生者のなかに死はよぎり、死者とも出会い直すことができる。生と死を包摂する地平がある。（4）不条理な無意味をいまここで一挙に反転して意味を構想する能力を人間は持つ。これらの外傷に対して対抗するための構想が、場合によっては「妄想」という言葉で語られたのだった。

（1）AHN, 194、『諸国民の時に』二百七十七頁。
（2）レヴィナスにおける死者の問題には、内田樹が『他者と死者——ラカンによるレヴィナス』のなかで最も肉薄した。ところが奇妙なことに、彼は本書が引用している、レヴィナスが死者について語った数多くのテキストにほとんど触れていない。
（3）AHN, 91、『諸国民の時に』百二十七－百二十八頁。
（4）同前。
（5）Richir (1991)
（6）AV, 37、『聖句の彼方』四十一頁。
（7）フッサールの用語で言うと、ここで問題になっているのは生活世界から新たな共同体が生成する創設である。

フッサールの『幾何学の起源』を参考にしてみよう。ここでは、幾何学という理念的な世界において遂行される学問が、いかにして、生活世界に与えられた、空間的事物や、測量技術といった文化的伝統の堆積から誕生し、伝達可能となるのか、という問題の、超越論的な構造が追究されている。表題の「起源」とはこの誕生の構造を指す。幾何学と宗教・倫理を同一視するのには抵抗があるかもしれないが、実は本質的な類似性がある。両者共に、感性的な世界から離脱して共同体の理念的な空間へと移行するのである（カントは数学や倫理が要するこの空間を理性、知性界と呼んだ）。また、数字の使用や倫理概念の導入によって世界に人為的な統一性を与えるのである。問題は、この理念空間への移行こそが、誕生（フッサールの言葉では原創設）だということである。自然的態度（現象学的還元以前の日常的態度）においては感性的な生活世界と様々な共同体の理念的空間を混同しているのだが、この混同こそ、フッサールが「自然の数学化」「自然主義的態度」という言葉で批判したのだ。もちろん、この「理念性」は自然科学と倫理の場合では著しく性格を異にするが、ここでは詳述しない。ただし、倫理や宗教という共同体の成立に関わる類の共同体が、しばしば「神」という概念を要求することには触れるべきだろう。「神」は制度の創設者として想定される次元なのである。

（8）AHN, 91、『諸国民の時に』百二十八頁。

（9）Husserl, Krisis, 376.

（10）AHN, 92、『諸国民の時に』百二十九頁。

（11）AHN, 92、『諸国民の時に』百三十頁。

（12）AHN, 94、『諸国民の時に』百三十三頁。

（13）たとえばカントがそのような目的論を提示している。「このように哲学によって人類最古の歴史を吟味した結果は、摂理と人事が全体として辿るところの過程とに満足するということになった。この過程は、善から始まって悪に趣くのではなくて、比較的に悪い状態からいっそう善い状態に向って次第に発展するのである。そして各人が、おのがじし分に随って力の及ぶ限りこの進歩に寄与することこそ、すなわち自然そのものによって人間に課せられた任務なのである。」（カント「人類の歴史の憶測的起源」『啓蒙とは何か』岩波文庫、八十頁）

（14）AHN, 127、『諸国民の時に』百八十三頁。

（15）AHN, 140、『諸国民の時に』二百一頁。

（16）AHN, 94-95、『諸国民の時に』百三十四－百三十五頁。

（17）AHN, 96、『諸国民の時に』百三十七頁。

（18）AHN, 99、『諸国民の時に』百四十一頁。

（19）AHN, 98、『諸国民の時に』百三十九頁。AHN, 101-105、『諸国民の時に』百四十五－百五十一頁。

（20）AHN, 99、『諸国民の時に』百四十一頁。

（21）AHN, 98、『諸国民の時に』百三十九頁。傍点は引用者による。

（22）Agamben（1998）

（23）NP, 142、『固有名』百八十六頁。

（24）DMT, 15-31、『神・死・時間』十六－三十頁。

（25）NP, 143、『固有名』百八十八頁。

（26）NP, 143-144、『固有名』百八十八－百八十九頁。

（27）NP, 144、『固有名』百八十九頁。

（28）この点については藤岡（2005）を参照。藤岡俊博氏によって『実存から実存者へ』における終末論の重要性について教えられた。

（29）EE, 156、『実存から実存者へ』百九十－百九十一頁。

（30）EE, 157、『実存から実存者へ』百九十二頁。

（31）EN, 111、『われわれのあいだで』百三十二頁。傍点はレヴィナス、傍線は引用者による。

（32）ハーマン『心的外傷と回復』七十五－七十六頁。

（33）同前二百五頁。

（34）DMT, 21、『神・死・時間』十八頁。

（35）ハイデガー『存在と時間』

（36）AE, 24、『存在の彼方へ』三十九頁。

（37）EDE, 202、『実存の発見』二百九十五頁。

（38）NP, 18、『固有名』十七頁。

（39）NP, 20、『固有名』二十－二十一頁。

（40）NP, 18、『固有名』十六－十七頁。傍点は引用者による。

（41）NP, 20、『固有名』二十頁。

（42）同前。

（43）NP, 21、『固有名』二十一頁。

（44）NP, 20-21、『固有名』二十－二十一頁。

（45）AE, 255、『存在の彼方へ』三百七十三頁。

（46）EE, 156、『実存から実存者へ』百九十－百九十一頁。

（47）AE, 255、『存在の彼方へ』三百七十三頁。

補章1 消えたアルベルティーヌ——メルロ＝ポンティという鏡に映るレヴィナス

1——二人のすれ違いについて

伝記上のすれ違い

補章では、筆者が本書の旧版以後に執筆したテキストから二編を収める。補章1では、初期レヴィナスの他者論をメルロ＝ポンティとの関係から考察することでレヴィナスをフランス現象学の文脈に位置づけるとともに、第3章のとくに第3節を補う。

レヴィナスは倫理思想家として紹介されるが、多面的な側面を持ち、「倫理」という言葉でくくると彼の思想を矮小化してしまう。メルロ＝ポンティという鏡に照らしたときに、意外なレヴィナスの像が照らし出されてくるのを見ていきたい。

メルロ＝ポンティとレヴィナスを、フッサールとハイデガー以後最大の現象学者であると考える人は多いと思われる。さらに二人は全く同時期にパリで活動している。ところが、にもかかわらず不思議なほど二人には接点がない。正確に言うと、交差しかかるのだがすれ違うのである。実世界におけるすれ違いが、思想上のすれ違いを反映しているかのようである。

しかしよく観察すると、「エレメント」概念（＝言語的な分節以前の生の世界）とプルーストという目立たない接点がある。そしてこの切り口は、人口に膾炙したレヴィナス像とメルロ＝ポンティ像とは別の角度から光を当てることにもなるであろう。

若いサルトルがレイモン・アロンによって現象学の存在を教わり急いで購入した本がレヴィナスの博士論文『フッサール現象学の直観の理論』（一九三〇年）であったことはよく知られている。そして当時フランスで容易に参照できたフッサールの著作はレヴィナスとファイファーの共訳による『デカルト的省察』である（仏訳は一九三一年）。サルトルのそばにいたメルロ＝ポンティがこの時点でレヴィナスの名前を知らなかったわけはないであろう。いやサルトルよりもむしろメルロ＝ポンティこそが本格的に現象学の研究を始め、レヴィナスの親しい友人でもあるオイゲン・フィンクやファン＝ブレダ神父と交流を結んだのだから、交流があったとしてもおかしくない。

ところがお互いの直接の交流についてはほとんど知られていない。大きな理由の一つは、レヴィナスが早い時期に従軍して終戦まで捕虜となったことがあろうか。戦後もメルロ＝ポンティがソルボンヌの教授そしてコレージュ・ド・フランスの教授というアカデミズムの頂点にあるポストを占めていたのに対し、レヴィナスは博士号こそ取得したものの大学のキャリアを求めなかった。戦前は全イスラエル同盟というユダヤ人組織の職員、戦後は東方イスラエル師範学校の校長を長く務めていたという事情がある。レヴィナスがポワティエ大学の助教授職に就いたのは、メルロ＝ポンティが死んだ直後の一九六三年だ。フランスの知的な世界のもっとも陽のあたる場所にいたメルロ＝ポンティに対して、レヴィナスは長く在野の人だったのだ。レヴィナスの存在を世に知らしめることになったデリダのレヴィナス論「暴力と形而上学」（一九六四年）が、やはりメルロ＝ポンティの死後のものであることを思い出しても良い。

メルロ＝ポンティ側からのかすかな接点として、一九四八年に『現代』誌にレヴィナスの「現実とその影」が掲載された際にメルロ＝ポンティが序文を寄せたことが知られている（Parcours所収）。しかしこの文章は匿名で発表され、サルトルの文学論を援用しながらレヴィナスを批判するものであり、メルロ＝ポンティ自身の思想の影は見られない。

出来事上のもっとも重大なすれ違いは、メルロ＝ポンティの突然の死によってもたらされた。一九六一年、レヴィナスは国家博士号請求論文『全体性と無限』をジャン・ヴァールの主査のもと提出した。この審査の席にはミンコウスキやファン＝ブレダ（の代理のジャック・タミニオ）とともにメルロ＝ポンティが並ぶはずだったのだが、メルロ＝ポンティの突然の死去により叶わなかった（死去した彼の代役はジャンケレヴィッチであった）。思想上も大きく対立したと思われるレヴィナス第一の主著を、メルロ＝ポンティがどのように読んだのか、興味は尽きないが手がかりはない。

メルロ＝ポンティがレヴィナスに言及したのはおそらく前述の「現実とその影」の序文だけである。彼はレヴィナスが〈大哲学者〉となり、多数の読者を獲得することになろうとは想像しなかったであろう。当時の文脈ではあえて言及するような相手ではなかったのだ。

メルロ＝ポンティを批判するレヴィナス

レヴィナスの側からのメルロ＝ポンティへの言及は、メルロ＝ポンティの死後に集中する。つまり受け手のない手紙をレヴィナスは出し続けたのであり、この点でもすれ違ったままなのだ。

レヴィナス第一の主著『全体性と無限』では、二箇所メルロ＝ポンティの名が登場する。[1] 一回目は彼に同意して、言葉と思考の不可分性について語る。二回目に論じた際は次のような論旨である。他者との関係はメルロ＝ポンティの「身体的な志向性」のようなものだったとしても、世界との関係にあとから他者が付け加わるようなものではなく、他者こそが一次的なものである、云々。レヴィナスは二人の他者論の対立点は自覚していたはずであるが、メルロ＝ポンティが審査員に入ることを想定しつつ書かれたであろう、この国家博士論文では表立った批判はしていない。

『存在の彼方へ』では三箇所メルロ＝ポンティの名前が登場する。[2] どれも「根源的歴史性」という概念をめぐって彼を批判する。ここでは『全体性と無限』では隠していたメルロ＝ポンティ思想の根本に対するレヴィナスの違和感が見て取れる。

主体とその世界が一つの世界のなかに集約されることであるメルロ＝ポンティの「根源的歴史性」は、〈語られたこと〉において展開する。[3]

レヴィナスにとって〈語られたこと〉すなわち世界は、〈語ること〉すなわち対人関係よりも副次的である。これに対し、『知覚の現象学』以来一貫してメルロ＝ポンティの基本的な発想となっているのは、世界を媒介として私と他者が枝分かれする運動である。連続した世界の唯一性かつ一般性にかたどられるようにして、〈私の身体経験も他者の身体経験も共有世界の捉え返し（reprise）として生成する〉のだ。レヴィナスの他者論はこれに対して断固として反発する。レヴィナスの場合あくまで出発点としては個別的な私と他者との直接的で直交的な関係が問題になり、しかも世界との関係は別種かつ二次的なものにすぎず、対人関係のなかには一次的には世界は登場しない。世界から出発して私と他者との相即性を考えるメルロ゠ポンティとは異なるのだ。

他の言及は『他者のユマニスム』（一九七二年）の第一章「意義と意味」（一九六四年）にある。芸術表現を論じている箇所で、メルロ゠ポンティがハイデガーに似るのは無理もないと揶揄している。(4) これも個別の存在者に対する匿名の存在の優位を解く後期ハイデガーに対するレヴィナスの批判を踏まえると、「根源的歴史性」に対する批判と同種のものであろう。

そして『外の主体』（一九八七年）のなかに二つの小さなメルロ゠ポンティ論がある（「間主観性について。メルロ゠ポンティについてのノート」（一九八三年）、「アルフォンス・ド゠ヴァーレンスの思い出に　感受性について」（一九八四年））。どちらも丁寧にメルロ゠ポンティの議論を追ったあとで最後の最後に、「でもやっぱり他者への責任がまず最初だよね」とひっくり返す。「倫理の優位性」という常套句に陥った後期レヴィナスに典型的な筆の運び方だが、メルロ゠ポンティ批判の論旨には変化がない。

2――接点について

しかしながら二人の間に全くの和解の余地がないかというとそうではない。そしてこのことは二人の思想を立体的に理解するためにも大事な意味を持つ。

二つの面から考えたい。一つは世界概念の基盤に置かれる「エレメント」という概念、もう一つは他者論で二人がともに取り上げるプルーストである。この二つは「ある」と倫理というレヴィナスの代表的なモチーフの裏面に張り付いているモチーフだ。

エレメント　世界の基底について

エレメント概念は、水、火、空気、大地を独特の詩学の主題としてとりあげたバシュラールに由来すると言われるが、メルロ゠ポンティは『見えるものと見えないもの』(一九六四年)の草稿群で、レヴィナスは『全体性と無限』(一九六一年)でこの概念を使用している。エレメントは、メルロ゠ポンティにおいて「世界の肉」の同義語として、レヴィナスにおいては(認識する志向性の手前で成立する)享楽jouissanceの水準での世界として描かれる。両者はとても近い事象についてエレメントという言葉を使っていた。

『見えるものと見えないもの』の執筆は一九五〇年代後半からであり、『全体性と無限』の執筆時期と重なる。しかし公刊されたものではないため、執筆時にお互いがお互いの原稿の内容を知っていたかどうかはわからない。おそらくは同時に別々にエレメント概念を取り込んで思索を練っていた。

顕著な箇所を二人のテキストから引用してみたい。最初の二つがメルロ゠ポンティで最後がレヴィナスだ。

肉は物質ではないし、精神でもなく、実態でもない。それを名付けるためには、水・空気・土・火について語るために使用されていた意味での、言いかえれば空間・時間的個体と観念との中間にある一般的なもの、つまりは存在が一かけらでもあるところにはどこにでも存在の或るスタイルを導入する一種の受肉した原理という意味での「エレメント」という古い用語が必要になろう。肉は、その意味では、〈存在〉の「エレメント」なのだ。(5)

知覚は、まずもって物の知覚なのではなく、世界の輻 rayons du monde である諸エレメント〔水、空気……〕の知覚、諸次元であり世界でもあるようなものの知覚なのであって、私はこれらの「諸エレメント」をかすめて、世界のうちにある私になるのであり、私は「主観的なもの」から〈存在〉へと滑りこむのである。(6)

事物は所有に供され、持ち運びができ、可動〔動産〕である。しかしたとえば大地、海、光、街といった、所持物がそこから到来する環境 milieu は相続人を持たないままに横たわっており、共有された背景あるいは土地、所有不可能で本質的に「誰のもの」でもないものである。あらゆる関係や所有は所有不可能なもののなかに位置し、この所有不可能なもの自身は含みこまれることも包まれることもないまま包み含みこむ。私たちはこれをエレメント的なものと呼ぶことにする。〔…〕エレメントはそれを包み込む形を持たない。形〔形式〕なき内容である。〔…〕本当のところはエレメントはまったく表を持たない。エレメントにアクセスすることはできない。エレメントの本質との適切な関係は、エレメントをまさになにがしかの環境として発見する。〔外部に対象化してその表面を知覚するのではなく〕エレ

メントに浸るのだ。私は常にエレメントの内側にいる。(7)

一読して二人のエレメント概念の近さが感じられるであろう。しかし問題は、仮に二人がほぼ同じ事象についてエレメントという名前をつけていたとして、彼らの思想全体のなかでどのような位置づけがエレメントに与えられていたのかということである。

両者ともに主題化、反省、認識、言語〈以前の世界のあり方〉を示すためにエレメントという言葉を使う点では共通する。エレメントとは、初源的な身体との関わりにおける世界全体の姿であり、アフォーダンス理論における包囲光のように所有しえない環境、それをみんなが享受しつつ、そこで身体としての自己が成立するような、そういう〈場〉である。

メルロ＝ポンティにおいてはエレメントへの関わりこそが「知覚」と彼が呼ぶ出来事であり、レヴィナスにおいては享楽である。問われている事象はかなり近いが、メルロ＝ポンティにおいてはこれが彼の思想の核となる一方で、レヴィナスにおいては二次的なものにとどまる。そしてレヴィナスにとってのエレメントは「ある」に転じるリスクを常に持つ点でも両義的である。メルロ＝ポンティの思想には「ある」にあたる世界のダークサイドは存在しない。メルロ＝ポンティにとってのエレメントは悠久の母なる大地である。そしてレヴィナスにおいてはこの（主体を消失の危機に陥れる）「ある」の両犠牲を克服する契機として他者が登場する。逆に言うと、エレメントが二人の哲学のなかでどのように位置付けられているのかの違いは、二人の哲学の枝分かれのポイントを示す。

他者論としてのプルースト論

さて他者論についてはどうであろうか。二人のあいだには根本的な立場の違いがある。メルロ＝ポンティにおいては、まさにエレメントという共有された世界からの自他の行為の立ち上げが話題となる。世界こそが対人関係が発生するための土台となる。私とあなたではそれぞれ異なる行為が立ち上がるが、世界を共有しているがゆえに行為も共有できるし、自ずと理解し合う。

これに対し、レヴィナスにおいては〈あなたが私に向けて呼びかける〉という状況が出発点となる。他者と私は直接射ぬくベクトルで結び付けられる。対人関係において世界は媒体とはならない。対人関係においてはエレメントは隠蔽される。あるいは直交的な対人関係に基づけられるしかたで、二次的に世界が定立される。『全体性と無限』における顔との関係、『存在の彼方へ』での「同のなかの他」といった特異な用語法は、この直接的な関係を描くための言葉遣いでもある。そして私と相手が自ずとわかり合ってしまうのではなく、相手が私に「教える」あるいは「命令する」がゆえに関係が可能になるのだ。つまり非対称性がありかつ直交するというしかたで私と他者とのあいだには断絶がある。表面的には二人の哲学者は大きく対立する。

しかし二人にはもう一つ別の他者論がある。そしてそこで奇妙にも道のりが交差する。二人ともプルーストの『失われた時を求めて』における失恋のモチーフに惹きつけられ、そこからオルタナティブな対人関係の理論を構想しているのである。他者論でも共通部分が生まれるのだが、しかし今度はメルロ＝ポンティがエレメントから遠ざかるのに対し、レヴィナスはエレメントを他者のなかにも読み込むというしかたで、二人は交差することになる。『失われた時を求めて』の語り手である「私」の恋人アルベルティーヌが他者として意味を持つのは死にまでいたるその不在においてである。そしてこの点が二人の哲学者の論点となる。プルーストを引用する。

アルベルチーヌの死によって私の苦悩が消滅するためには、事故の衝撃が彼女をただトゥレーヌで殺すだけではなくて、私の心のなかでも殺してしまうことが必要だったろう。ところが今ほど彼女が心のなかで生きていることは一度もなかった(8)。

レヴィナスは戦争捕虜時代の日記のなかにプルーストに関する考察があり、メルロ＝ポンティは戦争中に準備していた『知覚の現象学』(一九四五年)のなかに議論があるので、エレメントの場合と同じようにお互い同時期に独立に考察しはじめたことになる。レヴィナスは戦後になって「プルーストと他者」(一九四七年)という小論を発表し、『時間と他者』(一九四九年)と『全体性と無限』(一九六一年)のなかでエロス論という形で発展させる。メルロ＝ポンティの場合は、『制度論講義』(一九五四-一九五五年)のなかでプルーストを再論することになる。

3——不在のアルベルティーヌ——メルロ＝ポンティ『制度論講義』

まずメルロ＝ポンティの『制度論講義』を検討する。彼の対人関係論は多くの場合私と他者とが同じ経験を形成しうるしそれゆえにお互い相手と共感してしまうということを語っていた。

生涯にわたってさまざまなテキストで〈私と他者が世界を共有する〉と強調していた。しかしプルーストを引用するときは、嫉妬に満ちた関係を描き、接近不可能な他者を論じる。(9)

しかし彼〔語り手〕が彼女〔アルベルティーヌ〕を失ったとき、それこそが愛することなのだと彼は気づくのである。しかしここには問いが残る：不在こそが真にこの愛を創造したのではないだろうか？(10)

現象を超えるところの愛の現実性とは、おそらくポジティブな存在の現実性ではなく他人によってとりつかれ疎外されることの現実性にあるのであろう。苦痛という姿、剝奪という姿、「実現不可能」「生のプランの埒外」欠如という姿を取る私のなかの他者だ。(11)

恋愛とは、そもそも不在の誰かとの予見不可能な関係である。「私」はアルベルティーヌが逃げ去り死にいたって消えてしまうことこそが恋愛なのだと悟る。消えてゆく誰かにとりつかれ、疎外されるのだ。恋愛とはそもそも他者の剝奪である。不在とかかわることが恋愛であるとメルロ＝ポンティは主張する。

この引用の「私のなかの他者」と「苦痛」という表現は、後期レヴィナスの「同のなかの他者 l'autre-dans-le-même」あるいは「傷つきやすさ」という主体性の定義を思い出させる。そして後期レヴィナスと照らし合わせると、このメルロ＝ポンティの引用の含蓄が浮き上がる。

レヴィナスの「同のなかの他」は、主体を他者が個別化する仕方、すなわち内臓のなかにまで入り込むような他者の「近さ」である。レヴィナスは他者が私の能動的な意識に先立って私のなかに入り込むと考えた。私が他者へ向けて発する言葉のなかに、他者からの命令がすでに過ぎ越しているというのである。他者に侵食されることによって、私は主体となってゆく。

しかし右の引用でのメルロ゠ポンティは「私のなかの他者」が、他者の剝奪や不在であると語っている。メルロ゠ポンティに照らすと、レヴィナスの「同のなかの他者」もまた、実は生々しい他者の侵襲であるだけでなく、不在の他者との関係であるというふうに読み替えることができるのだ(そして実はこのような読み方は決してレヴィナスと矛盾するものでもない。いくつかのテキストがそれを暗示する)。レヴィナスは直接的な対人関係の極限値として「同のなかの他」を構想したが、メルロ゠ポンティにおいては不在の他者との関係へと開かれてゆく。この場合、他者が消滅してゆくという出来事に侵食されることで、私は私として主体化していくのである。

出発〔別離〕こそが愛を明らかにしただけでなく創造したとさえ言わなければいけないのではないだろうか。「しばしば、私達が愛し合っていると発見するためには、さらには愛し合うようになるためには、別離の日が来ないといけない。」[12]

いやちがう。逆である。この別離、アルベルティーヌの死でさえ、それが実際に起きるよりも前にすでに演じられているのだ。[13]

自己が他者を経験するためには、他者による自己への効果が必要である。他者は私の不安、私が他者を欠いていること、他者の不在において現前する。この不在を埋めるような「真の」現前などない。〔他者の〕所有possessionなどないのだ。[14]

死こそが彼〔語り手〕のアルベルティーヌに対する愛を長引かせた。しかし、アルベルティーヌへの愛とは別離と死の予感にほかならない〔…〕。[15]

愛のなかにはすでに別離が書き込まれている。メルロ＝ポンティはプルーストに抗ってまで、別離に大きな位置を与える。別離はあらかじめすでに二人の関係のなかに書き込まれているというのだ。現実の別離に先立って、すでに別離が潜在的にあるいは超越論的に含みこまれているからこそ、現実の別離も起きる。恋愛とはそもそも超越論的な失恋であり、実際の失恋はその現実化の一例にすぎない。超越論的失恋としての恋愛はあくまで潜在性であり、これは現実化された途端に恋愛ではなくなるという背理をはらんでいる。

乗り越えられるのは、慣習としての愛の観念、あるいは偶然や見せかけ、人工物としての愛である。

乗り越えられないのは、他人の他者性と有限性である。

制度の観念とはこのことにほかならない。すなわち、偶然を通した或る人格の歴史の基礎である。[16]

メルロ＝ポンティはここで他者の他者性と有限性を並べている。メルロ＝ポンティにおいて「有限性」は、ハイデガーのように死によって現存在が限界づけられているということではない。世界へと私の身体が開かれる（超越する、脱自する）ときに、私には統御不可能でどうにもならない盲点とこぼれ落ちができてしまうことがメルロ＝ポンティにとっての有限性である。[17]そして他者が消失することも、私の経験からのこぼれ落ちの一種なのだ。そしてこの別離が組み込まれた対人関係の有り様が、身体と世界のそのつどの偶然的なあり方を背後で支えるパターン、すなわち制度だというのである。[18]

それゆえメルロ＝ポンティが『制度論講義』（一九五四－一九五五年）のなかで唐突に失恋について論じたことには意味がある。「制度」すなわち個人そして集団の営みを支える超越論的な構造を、失恋が構成していることを感じ取っていたのである。偶然の出会いと別れは、失恋という制度が提供しているのだ。十年ほど遡ってみよう。『知覚の現象学』（一九四五年）で彼がスワンの嫉妬を論じた場面である。

> スワンの愛が嫉妬を惹きおこすのではない。スワンの愛はすでにはじめから嫉妬なのである。また、嫉妬が愛の変質を惹きおこすのではない。スワンがオデットのことを想うことによって得ていた喜びが、それ自身のうちにその変容を蔵していたのだ。〔…〕スワンの嫉妬深い愛は、彼の他の行いとも関連しているにちがいあるまい。そうなれば、おそらくこの愛は、スワンの人柄とも言うべきもっとずっと一般的な実存の構造の現れと思えてこよう。[19]

嫉妬はスワンのオデットに対する構えそのものであり、そもそもスワンの世界に対する構えそのものであり、「他の行いとも関連している」。これは嫉妬とそのなかにある別離の予感がスワンの対人関係と行い全般に浸透していることに由来するのである。これが彼の人生全体を貫く制度であるがゆえに、これは人生全体すなわち時間の問いなのであり、だからこそ「時間性」の章でメルロ＝ポンティは突然嫉妬を論じたのである。時間とは、別離を組み込んだ対人関係の構造が自己展開する地平すなわち制度のことである。

嫉妬も失恋も偶然起きた出来事ではあるが、同時に主体が他者に対して持つ関係の取り方のスタイルそのものであり、このスタイルは人生全体のそれぞれの行為のなかに浸透して下支えしている基盤（「制度」）である。繰り返しになるが、不在の他者との関係は、そもそも私が他者に対して持つ関係の基本構造だということである。〈私は不在の他者と関係する〉という仕方でしかこの世界に住みえない。そこで主体の行為が紡ぎだされる世界への住み方こそがメルロ＝ポンティにとっての制度であるから、つまりこのような対人関係が「制度」であり人格なのである。私と他者は確かに唯一の世界を共有する。しかしこの世界にはすでに偶然の出会いと別離が構造として書き込まれているのである。

この主張をさらにラディカルに形式化していたのが、一九四〇年代のレヴィナスである。

4――アルベルティーヌの身体――レヴィナスにおける限界の人間としての「女性」

レヴィナスは、逃走し死ぬことで「私」から逃れ去ってゆくアルベルティーヌについて、戦争捕虜時代から考察を重ねてきた。戦後の他者論の出発点がここにある。一九四七年の「プルーストと他者」という小論の議論は、『全体性と無限』（一九六一年）の第四部「エロスの現象学」を経て、『存在の彼方へ』（一九七四年）の「傷つきやすさ」の概念へと引き継がれてゆく。『全体性と無限』では言語を用いる倫理的な対人関係と非言語的なエロスは対立するのだが、『存在の彼方へ』では、他者の側ではなく自己の側が傷つきやすい女性の姿を取ることになり、倫理的な主体とエロスが一体化するとも言えるのだ。このようにして出発点の議論は後年まで大きな意味を持ってくるのである。

他者性の本質としてのエロス

エロス的関係を特徴付ける女性的なものとは、生物学的な属性でも社会的なジェンダーでもなく、むしろ他者性そのものの本質である。

女性的なものは男性的な存在に対する他者ですが、それは単に質的に異なるからではなく、他者性がある意味で女性的なものの本性だからです。エロス的な関係においては、他の人がもつ〔が私はもっていない〕他の属性が問題になるのではなく、他の人における他者性という属性が問題になります。[20]

女性的なものとは他者性そのものである。というのは、私の了解を超えて逃れゆくことが「女性性」の本質であるとレヴィナスは考えるからだ。コミュニケーション不可能な他者、無意味性と境を接するがゆえに、ラディカルな他者性である（レヴィナスにおいて男性性は言語使用と強く結びついている）。エロスは、しかし意味をもった言語や身振りによる対人関係とは異なる関係を指し示す。伝達を行うあらゆるコミュニケーションの手前で生じる対人関係である。それゆえに「女性的なものは、何らかの人格としての他人以前の他人である。〔…〕純粋な他者性[21]」なのである。コミュニケーションから遠ざかることそのものが、他者の他者性をなす。

ラディカルな他者性としての物質性

エロスの現象学のモデルは眠るアルベルティーヌ、そして失踪の末に死んだアルベルティーヌである。メルロ゠ポンティのプルースト読解では「私」のアルベルティーヌに対する嫉妬と別離が際立っていたが、レヴィナスでは目の前にいる眠るアルベルティーヌが問題になる。エロスとは、コミュニケーションの手前で生じる身体的な関係のことである。そしてエロスは他者の死に触れている。愛された女性の脆弱さ[22]あるいは傷つきやすさは、眠る身体あるいは死体と結びつくことで生と死の境界、生命と物質の境界を意味するのである。

まずプルーストを少し引用する。

引き返してくるともう彼女は眠っており、目の前には別の女、彼女が完全に前向きのときにそうなる女がいるのだった。だが彼女はたちまち人が変わってしまう。私がそのわきに身を横たえて、ふたたび横から見ることになるからだ。手をとったり、肩や頰に手をおいたりしても、眠ったままだ。彼女の顔をとらえ、その向きを変え、唇に押しあて、彼女の腕を私の首にまきつけても、依然として眠っている、時計がチクタクいうように、動物がどんな姿勢をとらされても生きつづけるように。私の手が触れるたびに彼女の寝息だけが変化する。まるで彼女という楽器を弾きながら、その絃の一本一本からちがった音を引き出して転調を行っているようだ。私の嫉妬は鎮まってゆく。アルベルチーヌが、規則正しいその寝息の示すように、呼吸する存在以外の何者でもなくなったのを感じたからだ。純粋に生理的機能を表現する寝息、まるで流れるように、言葉の厚みも沈黙の厚みも失った寝息、いっさいの悪を忘れ去って、人間というよりも芯をぬいた葦の発する息づかいと言うべきこの寝息は、文字通り至福のものとも思われ、私はこのようなときアルベルチーヌが肉体的にも精神的にもいっさいのものから引き離されているように感じつつ、この寝息を天使の詩そのもののように聞くのだった。[23]

おそらくこのテキストを受けて、レヴィナスは、女性は「極度の物質性 ultramatérialité」であると語る。

極度の物質性は、月面の風景のような岩と砂の堆積における、人間的なものの単なる不在を指し示しているわけではないし、廃墟と傷のなかで、砕けた形がぽっかり口を開くことで、ことさら強調されるような物質性でもない。極度の物質性は、〔女性という〕法外な現前における露出狂的な裸出を指し示す。顔の率直さよりも遠くから到来するかのようであり、すでに冒瀆しつつ完膚なきまでに冒瀆され、秘密の持つ禁忌に対して無理強いをしたかのようである[24]。

女性の身体の物質性は他者への暴露としての極度の物質性である。極度の物質性は単純に「人間的なものの不在」を意味するのではなく、同時に身体の「露出狂的な裸出性」にいたる人間的なものの過剰を意味する。コミュニケーションではないが、しかし確かに人間とコンタクトをとっている、このコンタクトの対象が身体の持つ極度の物質性なのである。このコンタクトは、「愛撫」と名付けられる。

コンタクトとしての愛撫は感受性である。〔…〕愛撫は何も摑まない。愛撫は絶えずその形から逃れて決して十分には未来ではないような或る未来へとゆくものを促進する。未だないかのように逃れてゆくものを助長するのである[25]。

物理的な接触のない愛撫というものはない。愛撫は同時に物としての身体との関係であり、かつ他者コミュニケーションから逃げ去ってゆくという関係でもある。しかし愛される女性の物質的な身体を目指しつつも、主体は決してその他者性の核に到達することがない。エロス的で物質的な関係のなかで、女性的な他者は常に逃れゆく。しかし同時に、まさにこの物質性と他者性の両義性ゆえに、愛撫はコップに触れるときのような単なる知覚的対象への志向性ではない。と同時に物質と人間のあいだのゆらぎゆえに、愛撫は言語的な（そして非言語的な）コミュニケーションのなかの他者性とは別種の「他者性」に触れるのである。

物質的な身体との関係は、日常の他者との交流では隠されている、〈還元不可能でプリミティブな他者性〉を明らかにする。レヴィナスは上の引用でこのプリミティブな他者性のことを「崇高な糧」と呼んでいる[26]。レヴィナスにおいて糧とエレメントは同義語である。あたかも他者をパンと同じように享楽するが、しかしそこに崇高すなわち〈空想・構想力を超えるものによる触発〉が生じるかのようである。コミュニケーションとはいかなる関係もない、理解不可能な身体によって触発され享楽されるかのような対人関係があるのである。逆説的だが、他者性の本質が人格でも生きた身体性 Leiblichkeit でもなく、その物質性 Körperlichkeit にあるかのようである。レヴィナスが「極度の物質性」という言葉を使うのは、物質性を経由してこそ死の淵にある他者のプリミティブな生にほかならないこの種の他者性に触れ享楽するからである。他者は把握不可能な逃れゆく〈モノ〉として登場する。

死の淵の他者

処女は捉えがたく、殺人なしに死につつあり、気絶し、自分の未来へと退き、予期によって約束されるあらゆる可能なものの彼方にとどまり続ける。「ある」の名もないざわめきのような夜の傍らには、不眠の夜、隠されたものの、密かなものの、神秘的なものの夜の背後には、エロティックなものの夜が広がる[27]。

この引用はとりわけ重要である。女は「死につつある」。つまりすでに消え去ることが予感されている。このときレヴィナスは女性との関係を「ある」の経験と結びつけている。再度確認すると、「ある」とは、不眠のなかで世界の分節が闇に消え、自己も意味も失われる状態である。エロスのなかでの他者は、意味から逃れるがゆえに、死と「ある」の近縁にある。エロスは容易に死と無意味に転ずる。女性の脆弱さは経験的な描写ではなく、無意味と死の淵にある人間存在に関する現象学的な概念なのだ。エロスの現象学は、〈死すべき人間〉への関係がもつ特別な構造を記述する。

まとめよう。女性との関係は言語を使った社会的な関係ではない[28]。この関係は言語的なコミュニケーションとも、身振りや表情による非言語的なコミュニケーションとも異なる。エロスは身体の物質性とのコンタクトであり、そこで死すれすれの生に関わる他者性を開示する。レヴィナスの他者論のラディカルさは実はこの水準で考えないといけないのだ。この地点でレヴィナスとメルロ＝ポンティはすれちがいつつ、分岐していった。エロスを出発点とした上で、顔という教えを聞き取る関係が加わって、さらには両者が交じり合うというしかたでその後のレヴィナスの思想は練り上げられていったのである。

(1) TI, 225, 227、『全体性と無限』拙訳。
(2) AE, 76, 114, 250、『存在の彼方へ』拙訳。
(3) AE, 114、『存在の彼方へ』拙訳。
(4) HAH, 29、『他者のユマニスム』拙訳。
(5) メルロ＝ポンティ『見えるものと見えないもの』百九十四頁。
(6) メルロ＝ポンティ『見えるものと見えないもの』三百十五頁、一部改訳。
(7) TI, 137-138、『全体性と無限』拙訳。
(8) プルースト『失われた時を求めて 11』百三十七頁。
(9) メルロ＝ポンティにおける他者論のオルタナ

ティブな側面については、八幡恵一（2011）を参照。愛について論じた議論として、川崎唯史（2022）。
（10）Merleau-Ponty（2003）, 65、拙訳。
（11）Merleau-Ponty, op.cit., 70、拙訳。
（12）*Albertine disparue*（『消えたアルベルティーヌ』）I, 145、拙訳。
（13）Merleau-Ponty（2003）, 72、拙訳。
（14）Merleau-Ponty（2003）, 73、拙訳。
（15）Merleau-Ponty（2003）, 75、拙訳。
（16）Merleau-Ponty（2003）, 73、拙訳。
（17）彼はハイデガーの脱自概念の読み替えからこれを導出する（『知覚の現象学1』三百三十二頁）。
（18）メルロ＝ポンティにおいて歴史とは、世界と人間の関係がもつ超越論的な構造のもとで偶然の出来事が出会われるということである（『知覚の現象学1』二十一二十一頁）。
（19）メルロ＝ポンティ『知覚の現象学2』三百二十八―三百二十九頁。
（20）EI, 57、『倫理と無限』拙訳。
（21）『著作集』第一巻、76。
（22）「愛は〈他人〉を狙う。〈他人〉をその弱さにおいて狙う。〔…〕柔和なもののあり方は、極度の脆さ、傷つきやすさにある。」（TI, 286、『全体性と無限』拙訳）。エロス論のジェンダー論的な射程については古怒田望人（2021）を参照。
（23）プルースト『失われた時を求めて9』二百十六頁。
（24）TI, 286-287、『全体性と無限』拙訳。
（25）TI, 288、『全体性と無限』拙訳。
（26）「愛におけるコミュニケーションの失敗として提示されるものは、まさに愛の現実性positivitéを構成している。他者の不在こそがまさに、この他者の他者としての現前なのだ。」（TA, 89、『時間と他者』拙訳）。
（27）TI, 288、『全体性と無限』拙訳。
（28）「官能のなかで愛する二人のあいだで作られる関係は、普遍化に対して徹底的に抗するのであり、社会的関係とは真っ向から対立する。この関係は第三者を排除し、親密さ、二人のなかでの孤立、閉じた社会、卓越した非公共性にとどまる。女性的なもの、それは〈他者〉であり、社会に抗する〔…〕。」（TI, 297、『全体性と無限』拙訳）。

補章2

レヴィナスとすき間のない世界——貧困地域の子ども支援を例に

旧版出版以後に始めたフィールドワーク研究によって、筆者のレヴィナス像は大きく変化した。

補章2では、貧困や差別、障害によって排除が起きることがない社会、誰も取り残されない社会を作るという社会的包摂の理念を、エマニュエル・レヴィナスの思想と結びつけて考えたい。

レヴィナスの「顔」再考

私は八年間にわたって大阪の都市部にある日本で最も貧困が厳しい地区で、子育て支援のフィールドワークを行い、当事者や支援者へのインタビューを重ねてきた。この地域は、ひとり親家庭、ステップファミリー、貧困や精神疾患・依存症に苦しむ家庭が少なくない。ところが熱心な対人援助職によるアウトリーチと居場所が張り巡らされているがゆえに、子どもは生き生きとしており、子どもを守るコミュニティが成立していた。虐待相談件数は決して少なくはないものの、日本の他の地域とは異なって過去十年間増加していない。経済環境や学習環境や就労機会は決して恵まれていないのだが、しかしこの地域の子どもたちは元気である。何世代にもわたる貧困の連鎖といった問題は確かに深刻なのだが、このようなコミュニティは、すき間を生んでしまう福祉国家に対するオルタナティブな社会のあり方を教えてくれる。

ところで、ハンディキャップを負った人の人権と社会生活を保障する社会的包摂の発想は、公的な福祉制度による手当から考える限り、制度の外側にすき間を生み出してしまう。というのは、国籍、市民権、年齢、収入、障害の程度、といったさまざまな基準によって、制度は必ず適用される範囲を決めるからである。「すき間を原理的に生まない、あらゆる人の生存と人権を保障する共同体をどのように構想しうるのか?」、私は子育て支援のフィールドワークをしながら、この問いを何年か考えている。

1――私的所有と世界

奇妙に思えるかもしれないが、すき間を生まない社会の構想の素描のために、レヴィナスを参照する。彼は他者に対する絶対的な責任を主張した哲学者として知られるが、「社会性と貨幣」といった小論を除いて、積極的な仕方で共同体論を提示したわけではない。『存在の彼方へ』で正義の水準に位置づけられる「社会」は、絶対的な責任に基づく倫理が第三者の登場によって緩和され、徹底できなくなった姿であり、消極的なものだ。

しかし私の考えでは、彼の二つの主著は、資源を共有あるいは私有する世界という発想とは異なるタイプの「世界」を暗示している。財を私有したり配分したりするという発想とは異なるしかたで世界を構想したときに、排除というものがありえない世界の構想となる。もともとジョン・ロック以来マルクスにいたるまで、世界は資源を共有する場あるいは私有する場として構想されてきた。

ロック『統治二論』の「所有権」の章を確認しよう。

つまり、人が耕し、植え、改良し、開墾し、その産物を利用しうるだけの土地が、彼の所有物なのである。彼は、自らの労働によって、それを、いわば共有地から囲い込むのである。すべての人間はその土地に対する同等の権原をもっており、従って、彼は、仲間であるすべての共有権者、すべての人類の同意なしにそれを専有することも囲い込むこともできないと言ったところで、彼の権利を無効にすることはできないであろう(1)。

ロックは自然権によって支配された共有世界のなかに、まず個人の身体という私的所有物を認め、そこから労働によって力が及ぶ範囲において世界が私有されることを論じる。世界が共有物であるにせよ私有物の集合体であるにせよ、ロックの発想は資源・財つまり物として世界を考えている。ところで、二十世紀に至るまでほとんどの哲学者は、人間の主体を世界との関係を軸にして定義し、対人関係は派生的なものとして描いてきた。直観を出発点にしても、知覚を出発点にしても、統覚を出発点にしても、事情は同じである。主体はまずは世界に関わるか、あるいは主体は世界から生まれるかのどちらかだった。そして、哲学者が構想する世界がいかに抽象的なものであるにせよ、最終的にはその世界は私有されるか共有されるかして財になる。つまり人間は財としての世界との関係において定位されることになる。

2——顔における貧しさと教えの両義性

ところがレヴィナスの場合はあくまで対人関係のなかで主体を考える。この点は真にコペルニクス的な転回である。対人関係を出発点として人間を定義したときに、世界の定義も意味づけも変わってくるのである。

レヴィナスは第一の主著『全体性と無限』で「顔」という奇妙な概念を提案した。レヴィナスの他者論は、フッサールの他者論のように「私が他者の身体を知覚する」という知覚を基準とした他者論ではない。そもそも他者を知覚しようがしまいが、他者が私を触発するという事実に出発点をとるからだ。『全体性と無限』ではそれゆえ呼びかけてくる声に重心が置かれる。『全体性と無限』では記述上主体と世界との関係がまずあって、それに対する異議申し立てとして他者が登場するが、コペルニクス的転回へ向けての萌芽が見られる。

> 他者の裸性と悲惨さのなかにある命令が、存在論を超えて他者への責任へと命ずる。(2)
>
> 他人の超越、その人の卓越性、高さ、主権は、その具体的な意味においてその人の悲惨さ、寄る辺なさ、異邦人としての権利を含みこむ。(3)
>
> 〔他者の〕顔が自我の同一性に対して〔…〕無限を教える。(4)

顔は貧しさによって懇願し、そして高みから教える。レヴィナスにおいて、顔は見つめるのではなく教える。そのようにして他者の顔は私に迫ってくる。つまり顔とは化粧を施しうる視覚的な表面ではなく、ＳＯＳを発する他者の声、あるいはそのニーズによって私に応答を要請する他者の困窮のことである。このような顔は、私が世界を所有することに異議を申し立てる。「貧しさ・悲惨さ」と「高さ・教え」という一見すると矛盾した特徴が両立することの意味を、私自身は貧困地区の子育て支援の現場でフィールドワークを行うなかで学んだ。逆境のなかにいる人に囲まれた現場においては、困窮している人こそが、人間にとって重要な価値を支援者そして研究者に教えてくれるのだ（第4章と異なる解釈をする）。ところで、困窮している人は、見えにくい制度のすき間に落ちているかもしれない。つまり私は潜在的なSOSに気づいていないかもしれない。本人もSOSだとは意識していない問題行動や自傷行為といった潜在的なSOSがあり、これを「教え」としてキャッチできるかどうか、これが対人援助職においては決定的に重要になる。私はこのSOSを出す力とキャッチする力の相補性を「かすかなSOSへのアンテナ」と呼んでいる[5]。

次の引用は、貧困の若年夫婦を訪問する助産師ひろえさんの語りだ。この場面で私はかすかなSOSへのアンテナの存在に気がついた。

ひろえ　今ね、ふっと思い出したの、芦原病院の場面が。「おかっぱ、呼べ！」とか言って、外来で呼ばれて。産婦人科の外来で、私、奥のほうにいてたと思うんですね。他の仕事してた。〔その子が〕受付に来てさ、名前は覚えてないんやろうね。だから「おかっぱ呼べ！」とか言われて、『おかっぱっていったら私のことやな』と思って、『何怒られるかな』と思ったら、一七の、もうすごいヤンキーの子がおってね。フフ、で、私を呼ぶわけ。〔…〕私のことは「ひろえ」って言わんと「おかっぱ！」って言うんで。でもその子にしたら、『初めて人を呼んだな』っていうような。それまでは一七歳か一六ぐらいで妊娠して来ても、「うわー」って、もう横向いて、一言もしゃべらんのが、なんか「困ったから来た」っていう感じでね。で、まあそういうつながりが、なんかできていくわけですよ。

不良少女がひろえさんを呼び出して怒り出す。表面的には理不尽なクレームなのだが、ひろえさんは少女の怒りのなかに「困ったから来た」というSOSを聴き取る。お金がないのかもしれないし、パートナーに暴力を振るわれたのかもしれない。周囲の大人へ不信感をもつ少女は、かろうじて頼れる人物としてひろえさんを発見するのだ。というのは、ひろえさんは少女がSOSを出す前に彼女のSOSを聴き取り、少女の問題行動にも背景の困窮や外傷体験があることを理解している存在だからだ[6]。

レヴィナスに戻ろう。私が気づく気づかないにかかわらずつねに迫ってきている他者からの触発を、レヴィナスは出会いの地平として設定した。これが「顔」である。

示唆的なのは『全体性と無限』の議論の構成である。レヴィナスは顔が直接的自我へ向けて切迫する場面を記述する直前で、自我が世界を所有するということを論じている。文字通りの所有だけでなく言語による世界の表象もまた、世界を自我の所有権のもとにおく営みだというのだ。世界の所有は、他者の権利を無視し簒奪する暴力でもある。これに対して他者との出会いを基点に置いたときには、世界は贈与すべきものとして登場する。そして他者への贈与を軸として考える議論として「顔」が導入される。ロック的な世界観を転覆させる意図を持って「顔」の世界は導入されるのだ。つまり、顔は所有権に対する異議申し立てとして登場する。

他者を尊重しつつ認めるとは、所有された世界を通してしかし同時に贈与によって共同体と普遍性を創設しながら、その人に到達することだ[7]。

他者との関係は世界の外で生じるわけではなく、所有された世界に異議申し立てをする。他者との関係すなわち超越は、〈他者〉に向けて世界を語ることだ。しかし言語は共有を成就する。そしてこの共有は所有へと送り返され、経済を前提とする[8]。

つまり他者からの切迫がまずあり、それにより世界の資源を共有するということが成り立つ。言い換えると、資源から排除された人からの異議申し立てとしても他者は登場する。そもそも資源の配分という発想からは、資源が有限である以上他者とのあいだにコンフリクトが起きざるを得ない。（レヴィナスの一般的な読み方ではないことは自覚しているが）顔がそこから到来する「外部性」とは、資源や制度から排除された人がＳＯＳを出す地平のことであることになる（『全体性と無限』の副題は「外部性についての試論」である）。つまり貧しい人、マイノリティ、障害を持つ人からの異議申し立てやＳＯＳが到来する地平のことを、レヴィナスは外部性と呼んだことになる。

「〔外部性の地平である〕この無限とは〔…〕顔であり、最初の表現であり、「汝殺すなかれ」という最初の言葉である[9]」と、レヴィナスは何度も「汝殺すなかれ」というモーゼの十戒を引き合いに出す。この文脈のなかで考えると「汝殺すなかれ」という命令を聴き取ることは、排除され言葉をもつことができない人（すなわちサバルタン）の潜在的なSOSに対する感受性をもつことを意味することになる。困窮した人に気づかないことはその人を「殺す」ことであり、「汝殺すなかれ」という戒律は、すき間に埋もれている困窮した人との出会いを要求する倫理的な命題なのだ。それゆえ、他者は同時に「惨めさと高さ」によって私に取り憑くのだ。[10]

まず社会から排除された他者と出会う地平を設定すること、これがレヴィナスの問いだったと今の筆者は考えている。しかし、真に困窮している人は助けを求めることができない。助けを求めることができない人がいるという現実社会の条件を前にしたときに、それは他者の「悲惨と高さ」という姿をとるのだろう。SOSを自ら出すことができない人の潜在的なSOSを聞き取ることができるのかどうか、出会うことができない人と出会いうるのかどうか、という問いをレヴィナスは立てているのだ。

次の引用は私がインタビューした若い女性の語りだ。睡眠薬の過量服薬で自殺未遂を繰り返す母親を、彼女は家で見守り続けて学校にもいけなくなった。そのような子ども時代を回想した場面である。

サクラさん　『なんで私、こんな苦しいんやろう』と思ったけど、誰かに助けを求めないといけないような状態じゃないとは思っていました。

なんぼ〔生活保護の〕ケースワーカーさんが来て、「お母さん大丈夫？」って言われても、「いや、ご覧のとおり、きょうも死のうとしていましたけど」みたいな。舌がずっと回ってなくて。[11]

サクラさんは「誰かに助けを求めないといけないような状態じゃない」と思っていたという。しかし同時に支援職に訴えても聞き届けてもらっていない。つまり大人が潜在的なSOSをキャッチできていない。このような状況のなかで彼女は孤立し、自分自身も希死念慮をもつようになる。

『全体性と無限』でのレヴィナスは、悲惨のなかにいる他者の顔が私に取り憑くことを「教え」と呼ぶ（「教えは、外部性の無限を意味する」）[12]。「教え」という単語は、ユダヤ教の文脈から考えることもできるであろうが、異なる視点で考えることもできる。私は「子どもから教えてもらった」「お母さんから教えてもらった」「患者さんから教わった」と支援職が語るのをしばしば聞いているため、対人支援の文脈では自然な言葉であるように感じる。困窮のうちにある人の「悲惨さ」は、教えをもたらす「高さ」なのだ。私たちは困窮しSOSを出す人からこそ、人権を教わるのである。そして人権こそが教えの最たる内容である。

私が生活困窮地域で子育て支援をする人たちにお願いしたインタビューから引用する。

川辺康子さん　私この食堂やりながらね、子どもたちもそうですけど、「あの親はもうとんでもない親や」と言われてるお母さんたちからね、いろんなこと教えてもらってるっていうのがね、ほんまのところで。子どもたちに私が関わるなかでいろんなことを教えてもらってるんかなっていうのはあります。

村上　どんなこと？

川辺　どんなこと、まあ例えば、自分が当たり前に常識やと思ってる、自分のなかのまあ、人を見るものさしのようなね、そういうのんで、人を知らない間にこう測ってる。世間一般の常識で、その子を測るというか、そういうことを自分のなかでしていたんやなあってというのが。(13)

荘保共子さん　私の知らない世界のなかで、私が出会ったその子どもたちが教えてくれたことで。教えてくれて、私に教えてくれた子どもたちが持つ力ですね。それが、実は子どもの権利やったっていうことを、思うんです。

〔…〕私はどんなことがあっても地域の中で子どもと親が一緒に生活する、それを地域で守るってことがどういうことなのかっていうことを本当に教えてもらいました。(14)

他者が何らかの仕方で表現する窮状は、他者が生存するために必要な最低限のニーズを示す。あるいは他者とは私にニーズをつきつける存在のことである。このとき私と他者の同質性ではなく、異質性こそが社会の条件となる。私がマジョリティであり特権を持った存在であり、それゆえに（もし気づくことができないならば）権利から排除されてマイノリティの位置に追いやられている人から要求され教えられているのだ。レヴィナスの他者は、事物の空間には位置づけられない。レヴィナス的な世界とは、あくまで私を呼ぶ人、私に取り憑く人からなりたつ。私の目には見えていないかもしれないが、私のことを呼んでいるかもしれない人からなる呼びかけの位相空間である。

結局のところ、共有された世界を設定する議論は土地の所有権であれ労働価値であれ、貨幣の再分配であれ、国家を統治するという目的を見定めて議論が始まっている。統治の視線においては、一人ひとりの人間は学業成績やGDPや納税額といった数値へと還元される。一人の人が他者と出会うという視点から出発して社会を考えたときには、まったく異なる世界の見え方になる。

3――レヴィナス『存在の彼方へ』とすき間のない世界

第二の主著『存在の彼方へ』(一九七四年)では、資源の再配分よりも手前で共同性を考えるという姿勢がさらにラディカルになる。〈他者に気づくよりも前にすでに他者からの呼びかけを聞いてしまっていること〉として主体が定義されることで、出会いの次元が人間の主体そのものを確定するものとしてより先鋭的に設定される。資源となる物質的な世界は、一旦完全に度外視され、議論の二段階目で「正義」という言葉とともに資源を再分配する福祉的な社会の概念が再導入されることになる。他者に取り憑かれてしまっているこの原初の出会いの次元のことを、レヴィナスは「存在するとは別の仕方で」あるいは「存在の彼方」と呼んだのだった。

意識に対する〔対人関係の〕この共約不可能性、〔…〕他者による私の召喚、私たちが知ることがない人たちに対する私の責任なのだ。[15]

私はつねに他者から呼ばれており、他者の存在に気づくより前にすでに応答してしまっている、ということとしてレヴィナスは主観性を定義するのだが、ここで本章は一般的な読解から離れていく。

『存在の彼方へ』で「社会」が論じられるのは、三人以上の人が登場したために比較考量が必要になる「正義」の次元である、という共通了解がレヴィナスの読者のあいだでは存在する。レヴィナスの正義の次元とは、複数の人間が共存するがゆえに資源の再分配が問題になる次元である。第三者が登場した時点で、二人のあいだの無限責任は停止される。彼自身はそういう議論はしていないが、比較が導入されるがゆえに、この社会は差別化と排除が起きてしまう社会のことである。差別化のリスクのなかで資源の均等な配分を志すのがレヴィナスの「正義」なのだ。

これに対して、『存在の彼方へ』で倫理、身代わり、意味、迫害、とさまざまな言葉で呼ばれる対人関係は、まずは二者関係だと考えられている。というのは、無限の責任を負えるのはたった一人の他者に対してだけだからだ。ここまでが一般的なテキスト理解だろう。

ここで私は、レヴィナスのテキストの読み替えを試みたい。レヴィナスのロジックにおいては二者関係に限られていた「身代わり」概念を、集団へと開いて社会を構想してみたらどうなるだろうか？　私は、身代わりとレヴィナスが呼んだ対人関係の構造を、あえて複数の人からなる社会全体の構造として読んでみたい。そうすると、まさに誰一人取り残されることのないSOSを発することがなくても困難（すなわち潜在的なSOS）が聞き取られる、そのような社会関係を「身代わり」は示すのではないだろうか。これが私の提案である。

レヴィナスがアナクロニズムと呼んだのは、他者が発話するに先だって他者から私に向けられる命令を聞き取ってしまう、そういう主体性と時間性の構造だった。

> 近さの関係は〔…〕表象にいたるのではなく〔…〕、すでに召喚、極度の緊急をもった義務であり、あらゆる〔能動的な〕取り組み engagement よりもアナクロニックに先立つ(16)。

私が手を差し伸べるか否かにかかわらず、困窮状態にある人はすでに私に取り憑いている。私が気づこうが気づくまいがその人は取り憑いている。すき間に落ちて見えなくなっている人も、私に取り憑いている。私は気づいていないかもしれないし、見て見ぬふりをしているだけかもしれないが、ともかくすき間に追い込まれている人は私に取り憑いている。あるいはその人は自分で助けを求めているわけではないが、しかしそのSOSは潜在的に私に届いてしまっている。それゆえに私はその人に責任を負っているのである。このような対人関係のあり方を、レヴィナスは極端にねじれた言葉づかいでかろうじて記述したのだった。どうやってもその人はすでに私に取り憑いているのだから、私とその人とのあいだには隔たりも、媒介もない。

アナクロニックに、近さはいかなる原理や理念による媒介もない特異なものとの関係だ(17)。

レヴィナスの「近さ」とは、血縁や物理的距離などではなく、他者からの声にならないかもしれないSOSが切迫することである。そしてこれは理念的な二者関係なのではなく、あらゆる瞬間に具体的に成立するものなのだ。

貧困地区で働くある男性保育士へのインタビューを引用する。

西野伸一さん　ある日電話かかってきたんですね。児童館に。で、「うちのアパートのなかに、どうやら、路上で、寝ているような一〇代らしき子がいてるんやけども、先生やったら何とかしてくれるかな」みたいな電話やったんですね。で、まずは見に行こうと思って、行って、やっぱり、出会ったんですね。その子と。で、その僕が出会ったその一七でした、当時。一七の青年は、僕もね、何日間か、何日間かずっと気になってた少年やったんですよ、町のなかで。(18)

西野さんは、路上生活していた少年からの声にならないSOSを、言葉をかわすよりも前にすでに聴き取ってしまっている。少年が何か助けを求めているわけではない。しかし町で少年を見かけた西野さんはすでに呼ばれている。西野さんだけではない。近所の女性も少年のかすかなSOSをすでに聴き取って応えているがゆえに西野さんに電話している。保育士であるにもかかわらず、業務を超えて町の人たちの困窮を感じ取り声をかけてしまうのだ。一対一で呼び立てられる関係が、多くの子どもをサポートする保育実践の全体と両立している。そればかりでなくかすかなSOSに召喚されるコミュニティが成立している。

他者が実際に語りだすよりも前に私はその人のSOSを聴き取っているというレヴィナス的なアナクロニズムを、私が出会った支援者たちは地域全体で実現している。そしてこのような時間論は、具体的に展開したときには空間論的な射程を持つことになる。どうしても福祉制度のすき間が生まれてしまうトップダウンで作られた近代国家において、あえて一人ひとりの顔からボトムアップで考える〈すき間を持たない世界〉という「空間」上の極限値を構想する。〈近さの世界〉だ。私の気づきに先だって、他者がすでに私のなかに入り込み呼び掛けているという構造は、世界から排除された人が陥るすき間を作ることを不可能にする。

この「空間」はしかし、三次元空間ではない。三次元空間や物質で満たされた空間を想定してしまうと、どうしても出会うことのできないすき間が生まれてしまう。三次元空間とは質的に異なる空間において、誰も排除されることなく私と出会ってしまう、そのような「空間」なのだ。レヴィナスが「内臓・子宮 entrailles に入り込む」というような奇妙な語彙で対人関係を記述したのは、このような理由からだと思われる。

まさに形式論理学にはあてはまらない次元での出来事を記述しようとしているがゆえに、ここで論理的な困難が生じる。レヴィナスが、「近さ」や「アナクロニズム」と呼んだ特異な対人関係を、一対一の関係のなかでしか成立し得ない出来事であるかのように描いていることのなかに、それゆえに実社会では実現し得ないかのように論じられていることのなかに、この困難は表現されている。現実には複数の人間がつねに存在するわけだから、一対一の人間関係だけからなる世界というのは現実化し得ない虚構になってしまう。一対一の関係において絶対的な責任とレヴィナスが呼んだものと、複数の他者がこの世の中には存在する事実が両立しないかのように見えてしまうのだ。

レヴィナスはある種の理念値として「身代わり」や「語ること」という二者関係を描いたように見えるが、あえてこのような関係が「つねにどこでも現実に実現されている」と考えるのが筆者のねらいだ。身代わりという他者の取り憑きを、誰も取り残されることがない社会的包摂を実現した世界のあり方、すなわち〈他者からの潜在的なSOS〉が必ず聴き取られることとして読み直すことはできないだろうか。つまりSOSを出すことができない困窮した人は私に取り憑いている。潜在的なSOSまでもが聴き取られるときには、弱者が埋没するすき間は不可能になる、そのような地平を「身代わり」や「近さ」という概念は開いているのではないだろうか。おそらく潜在的な他者全体による取り憑きをかいま見ていたがゆえに、レヴィナス自身も「「ある」——他性を創設したわけではない主観性によって耐え抜かれた他者性の全重量」[19]と、他者と世界を同一視するような謎めいた表現を使うのではないだろうか。理不尽な状況で遺棄される人たちは絶えず存在してきた。顔を持たない非人称的な状況へと埋没した人は、しかしはっきりとSOSを出さなかったとしても一人ひとりに訴えかけているのである。私が貧困地区で出会ってきたケアラーたちは、このような潜在的なSOSに取り憑かれ、同時に耳をそばだてようとしている人たちだった。

レヴィナスが出会った論理上の困難に見えるものは、哲学という制度が前提とする形式論理学が人間関係のリアリティとはずれることに由来する難所なのではないか。というのは私が出会った支援者たちは、その多くが〈そのつど目の前の一人の子ども〉に取り憑かれ、向き合い続けているからである。このことは、複数のケースを担当し、複数の子どもたちをサポートしているという実践とは矛盾しない。一対一ということはそのつどの関わり方の問題なのであって、レヴィナスが正義とよんだ複数性の世界のなかでの資源の再配分の世界と常に両立しているのである。再配分とは異なる地平に支援者たちはつねにすでに立っているのである。言い換えると、排除のない社会を構想するためには、いったんは社会制度や資源の再分配とは異なる水準で世界を構想する必要がある。レヴィナスはそのような世界を描いているのだ。

（1）ロック『完訳 統治二論』。
（2）TI, iii、『全体性と無限』拙訳。
（3）TI, 74、『全体性と無限』拙訳。
（4）TI, 238、『全体性と無限』拙訳。
（5）村上（2024）
（6）Bloom & Farragher（2013）
（7）TI, 74、『全体性と無限』拙訳。
（8）TI, 189、『全体性と無限』拙訳。
（9）TI, 217、『全体性と無限』拙訳。
（10）TI, 218.
（11）村上（2022）、二百六十二頁。
（12）TI, 186、『全体性と無限』拙訳。
（13）村上（2021）、百二十六頁。
（14）村上（2021）、五十七頁。
（15）AE, 159、『存在の彼方へ』拙訳。
（16）AE, 159、『存在の彼方へ』拙訳。
（17）AE, 158-159、『存在の彼方へ』拙訳。傍点はレヴィナスによる。
（18）村上（2021）、百六頁。
（19）AE, 255、『存在の彼方へ』拙訳。

文献一覧

適宜既存の翻訳を参考にしているが、訳を変更した箇所については断っていない。

レヴィナスの参考文献と略号

（邦訳が複数あるものについては、現在手に入りやすいものを挙げた）

Ev: *De l'évasion, 1936, Fontfroide le Haut*, Fata Morgana, 1982（一部『レヴィナス・コレクション』合田正人訳、ちくま学芸文庫所収）

EE: *De l'existence à l'existant*, Paris, Fontaine, 1947（『実存から実存者へ』西谷修訳、ちくま学芸文庫）

TA: *Le temps et l'autre, Fontfroide le Haut*, Fata Morgana, 1948, Paris, PUF, 1983（『時間と他者』原田佳彦、法政大学出版局）

DL: *Difficile liberté*, Paris, A. Michel, 1963, 1976（『困難な自由』合田正人ほか訳、法政大学出版局）

HAH: *Humanisme de l'autre homme*, Montpellier, Fata Morgana, 1972, coll. «Livre de poche», 1987（『他者のユマニスム』小林康夫訳、書肆風の薔薇）

NP: *Noms propres, Fontfroide le Haut*, Fata Morgana, 1976, coll. «Livre de poche», 1987（『固有名』合田正人訳、みすず書房）

EI: *Éthique et infini*, Paris, Librairie artheme fayard, 1982（『倫理と無限』西山雄二訳、ちくま学芸文庫）

TI: *Totalité et Infini, Essai sur l'extériorité*, La Haye, M. Nijhoff, 1961, coll. «Livre de poche», 1990（『全体性と無限』上・下巻、熊野純彦訳、岩波文庫）

AE: *Autrement qu'être ou au-delà de l'essence*, La Haye, M. Nijhoff, 1974, coll. «Livre de poche», 1990（『存在の彼方へ』合田正人訳、講談社学術文庫）

EDE: *En découvrant l'existence avec Husserl et Heidegger*, Paris, J. Vrin, 1949-1967-1974（『実存の発見——フッサールとハイデッガーと共に』佐藤真理人ほか訳、法政大学出版局）

AV: *L'au-delà du verset*, Paris, Minuit, 1982（『聖句の彼方——タルムード』合田正人訳、法政大学出版局）

DQVI: *De Dieu qui vient à l'idée*, Paris, Vrin, 1986（『観念に到来する神について』内田樹訳、国文

社）

AHN: *À l'heure des nations*, Paris, Minuit, 1988（『諸国民の時に』合田正人訳、法政大学出版局）

EN: *Entre nous*, Paris Grasset, 1991（『われわれのあいだで』合田正人ほか訳、法政大学出版局）

DMT: *Dieu, la Mort et le Temps*, Paris, Grasset, 1993（『神・死・時間』合田正人訳、法政大学出版局）

IH: *Les imprévus de l'histoire*, Montpellier, Fata Morgana, 1994（『歴史の不測』合田正人ほか訳、法政大学出版局）

II: *L'intrigue de l'infini*, Paris, Flammarion, 1994（一部『レヴィナス・コレクション』合田正人訳、ちくま学芸文庫所収）

LC: *Liberté et commandement*, Montpellier, Fata Morgana, 1994（『歴史の不測』付論「自由と命令、超越と高さ」合田正人ほか訳、法政大学出版局）

『著作集』第一巻: *Œuvres, Tome I, Carnets de captivité suivi de Écrits sur la captivité et Notes philosophiques diverses*, Paris, Grasset, 2009.（『レヴィナス著作集1――捕囚手帳ほか未刊著作』三浦直希ほか訳、法政大学出版局）

『著作集』第二巻: *Œuvres, Tome II, Parole et silence et autres conférences inédites au Collège philosophique*, Paris, Grasset, 2011（『レヴィナス著作集2――哲学コレージュ講演集』藤岡俊博ほか訳、法政大学出版局）

『著作集』第三巻: *Œuvres, Tome III, Eros, littérature et philosophie*, Paris, Grasset, 2013（『レヴィナス著作集3――エロス・文学・哲学』渡名喜庸哲ほか訳、法政大学出版局）

De l'évasion（1935）, Fontfroide le Haut, Fata Morgana, 1982

まえがき

大江健三郎『壊れものとしての人間』講談社文芸文庫

合田正人、村上靖彦（2012）、「対談：外傷と病理の哲学へ」『現代思想』第四十巻第三号、二〇一二年三月臨時増刊号、総特集レヴィナス

第1章

Lescourret, M.-A.（1994）, *Emmanuel Lévinas*, Paris, Flammarion

合田正人、村上靖彦（2012）、「対談：外傷と病理の哲学へ」『現代思想』第四十巻第三号、二〇一二年三月臨時増刊号、総特集レヴィナス

Murakami, Y.（2009）, "Emme tienneet mita meille tapahtui-Nakokulmia todellisuuden

fenomenologiaan"（"We did not know what happened to us"-A phenomenology of reality）, yasuhiko murakami, Tiede & edistys, 2009, no.2, pp. 95-111.
郷原佳以（2011）、『文学のミニマル・イメージ——モーリス・ブランショ論』、左右社
Nancy, J.-L.（2011）, «Eros, le roman d'Emmanuel Lévinas? Conférence de clôture», in Danielle Cohen-Lévinas（éd.）, *Lévinas et l'expérience de la captivité*, Paris, Éditions Lethielleux（ジャン＝リュック・ナンシー、「『エロス』——エマニュエル・レヴィナスの小説？」、渡名喜庸哲訳、『現代思想』第四十巻第三号、二〇一二年三月臨時増刊号、総特集レヴィナス）

第2章

芥川龍之介『歯車他二篇』岩波文庫

第3章

西村ユミ（2001）、『語りかける身体——看護ケアの現象学』、ゆみる出版
ベルクソン『時間と自由』、中村文郎訳、岩波文庫、二〇〇一年ほか
Murakami, Y.（2008）, *Hyperbole-pour une psychopathologie lévinassienne*, Amiens, Association pour la promotion de la phéno-ménologie
『新約聖書』（2004）、新約聖書翻訳委員会訳、岩波書店
Husserl, E.（1980）, HuaxxⅢ, *Husserlianna Band XXIII, Phantasie, Bildbewunsein*, Frinnerung, Pordrecht, Klumer
川口有美子（2009）、『逝かない身体——ALS的日常を生きる』、医学書院
坂口ふみ（2023）、『〈個〉の誕生——キリスト教教理をつくった人びと』、岩波現代文庫
古怒田望人（2021）、「エマニュエル・レヴィナスのエロスの現象学におけるセクシュアリティの記述の展望：フロイト精神分析を通して」、『年報人間科学』42巻、大阪大学人間科学研究科

第4章

関根小織（2007）、『レヴィナスと現れないものの現象学——フッサール・ハイデガー・デリダと共に反して』、晃洋書房
デカルト『省察』、山田弘明訳、ちくま学芸文庫、二〇〇六年ほか

第5章

Derrida, J. (1967), *L'écriture et la différence*, Paris, Seuil

第6章

中井久夫、山口直彦（2001）、『看護のための精神医学』、医学書院

Winnicott, D.W. (1989), *Psycho-Analytic Explorations*, London, Karnac Books, Cambridge, Harvard University Press

Herman, J.-L. (1992/1999), *Trauma and Recovery*, New York, Basic Books（ハーマン『心的外傷と回復』、中井久夫訳、みすず書房、一九九六年）

ハイデガー『存在と時間』、細谷貞雄訳、ちくま学芸文庫、一九九四年ほか

古東哲明（2011）、『瞬間を生きる哲学――〈今ここ〉に佇む技法』、筑摩選書

Pankow, G. (1977/1983), *Structure familiale et psychose*, Paris, Aubier Montaigne (Paris, Flammarion, 2004)

Winnicott (1958), "Capacity to be alone" in Winnicot, (1965), *The Maturational Prossesses and Facilitating Environment*, Madison, International Universities Press

内海健（2008）、『パンセ・スキゾフレニック――統合失調症の精神病理学』、弘文堂

芥川龍之介「或阿呆の一生」『河童・或阿呆の一生』新潮文庫ほか

中安信夫（1990）、『初期分裂病』、岩崎学術出版社

ブランケンブルク『自明性の喪失――分裂病の現象学』、木村敏訳、みすず書房、一九七八年

Winnicott (1971), *Playing and Reality*, London, Routledge

Winnicott (1958/1992), *Through Paediatrics to Psycho-Analysis-Collected Papers*, London, Brunner/Mazel

Binswanger, L. (1947), *Ausgewählte Vorträge und Aufsätze*, Band I, Zur Phänomenologischen Anthropologie, Bern, Francke（ビンスワンガー『現象学的人間学』、荻野恒一、木村敏、宮本忠雄訳、みすず書房、一九六七年）

合田正人（1999）、『レヴィナスを読む――〈異常な日常〉の思想』、NHKブックス

田口茂（2010）、『フッサールにおける〈原自我〉の問題――自己の自明な〈近さ〉への問い』、法政大学出版局

第7章

ヴィーゼル『夜』村上光彦訳、みすず書房、一九六七年

Luther, M. (1999) *Œuvres*, Paris, Gallimard, coll. Pléiade

清水哲郎（2007）、「ルター」『哲学の歴史』第四巻、中央公論新社

ヤンポルスカヤ「サモツワネツ（僭称者）——自らメシアを名乗ること、おのれを〈私〉であると主張すること——第四回フランス語圏ユダヤ人知識人会議におけるレヴィナスとジャンケレヴィッチとの間の〈ロシア的〉討論」山森裕毅訳、『現代思想』第四十巻第三号、二〇一二年三月臨時増刊号、総特集レヴィナス）

藤岡俊博（2005）、「エマニュエル・レヴィナス『実存から実存者へ』におけるメシア的時間」、『年報　地域文化研究』第9号、東京大学大学院総合文化研究科地域文化研究専攻

第8章

Agamben, G. (1998), *Quel che resta di Auschwitz: L'archivio e il testimone*（ジョルジョ・アガンベン『アウシュヴィッツの残りのもの——アルシーヴと証人』、上村忠男、廣石正和訳、月曜社、二〇〇一年）

檜垣立哉（2012）、「逆向き幽霊としての子供——デリダに対抗するレヴィナス」（『現代思想』第四十巻第三号、二〇一二年三月臨時増刊号、総特集レヴィナス）

Lescourret, M.-A. (1994), *Emmanuel Lévinas*, Paris, Flammarion

終章

Richir, M. (1991), *Du sublime en politique*, Paris, Payot

Agamben, G. (1998), *Quel che resta di Auschwitz: L'archivio e il testimone*（ジョルジョ・アガンベン『アウシュヴィッツの残りのもの——アルシーヴと証人』、上村忠男、廣石正和訳、月曜社、二〇〇一年）

Herman, J.-L. (1992/1997), *Trauma and Recovery*, New York, Basic Books（ハーマン『心的外傷と回復』、中井久夫訳、みすず書房、一九九六年）

ハイデガー『存在と時間』、細谷貞雄訳、ちくま学芸文庫、一九九四年ほか

内田樹（2004）、『他者と死者——ラカンによるレヴィナス』海鳥社

藤岡俊博（2005）、「エマニュエル・レヴィナス『実存から実存者へ』におけるメシア的時間」、『年報　地域文化研究』第9号、東京大学大学院総合文化研究科地域文化研究専攻

補章1

Merleau-Ponty, M. (1964), *Le visible et l'invisible*, Paris, Gallimard（メルロ＝ポンティ『見えるものと見えないもの』、滝浦静雄、木田元訳、みすず書房、一九八九年）

八幡恵一（2011）、「共存の他者論：メルロ＝ポンティにおける他者の問題(1)」、『フランス哲学・思想研究』第16号、日仏哲学会

プルースト『失われた時を求めて11――第六篇　逃げ去る女』、鈴木道彦訳、集英社文庫、二〇〇七年

川崎唯史（2022）、『メルロ＝ポンティの倫理学――誕生・自由・責任』、ナカニシヤ出版

Merleau-Ponty (2003), *L'institution / La passivité, Notes de cours au Collège de France* (*1954-1955*), Paris, Belin

Merleau-Ponty (1945), *Phénoménologie de la perception*, Paris, Gallimard（メルロ＝ポンティ『知覚の現象学 1』、竹内芳郎、小木貞孝訳、みすず書房、一九六七年／『知覚の現象学 2』、竹内芳郎、木田元、宮本忠雄訳、みすず書房、一九七四年）

古怒田望人（2021）、「エマニュエル・レヴィナスのエロスの現象学におけるセクシュアリティの記述の展望：フロイト精神分析を通して」、『年報人間科学』42巻、大阪大学人間科学研究科

プルースト『失われた時を求めて9――第五篇　囚われの女1』、鈴木道彦訳、集英社文庫、二〇〇七年

補章2

ジョン・ロック『完訳　統治二論』、加藤節訳、岩波文庫、二〇一〇年

村上靖彦（2024）、『すき間の哲学』、ミネルヴァ書房（近刊）

Bloom S. L. & Farragher B. (2013), *Restoring Sanctuary, A New Operating System for Trauma-Informed Systems of Care*, Oxford, Oxford University Press

村上靖彦（2022）、『「ヤングケアラー」とは誰か』、朝日新聞出版

村上靖彦（2021）、『子どもたちがつくる町――大阪・西成の子育て支援』、世界思想社

旧版あとがき

本書〔旧版〕の副題である「壊れものとしての人間」は、大江健三郎が一九六九年に雑誌に連載し、一九七〇年に単行本として発刊したエッセイ集のタイトルである。

大江健三郎は、人間が傷つきやすい狂気の淵にある存在であるということを深刻に考え、怖れ続けた作家である。『壊れものとしての人間』では、少年時代の悪夢、自分の息子を殺そうとする夢想、過剰なアルコール摂取など、自分自身が狂気に陥ることを怖れる場面が何度も記述される。

ぼくは言葉によって、壊れものであり、fragileである肉体をそなえた自分を隠蔽しようと日々つとめてきた、とすでに書いたが、ぼくは暴力という激しいダイナミズムをそなえた言葉の内部の、いわばメビウスの輪の軌道をひとめぐりするようにして、そのまったく逆のこともまたいわねばならない。ぼくは言葉によって、壊れものであり、fragileである肉体をそなえた自分を赤裸に剝きだそうとしてきた。しかもその言葉とはかならずしも自分の言葉のみではない。(大江健三郎『壊れものとしての人間』講談社文芸文庫、九十四―九十五頁)

『壊れものとしての人間』での大江は、核の恐怖、四国の森、障害を持った息子、性愛、そして救済の問題といった彼の基礎をなす大きなテーマをうねるように論じる（当時の焦眉の問題であり彼自身が関わっていた社会運動についてはかすかな残響のみが聞かれる）。本書で取り上げてきたレヴィナス自身のテーマと間接的にではあるが、強く共鳴する。

今ふりかえってみると、このことは個人的な意味を持つ。まえがきでレヴィナスと同郷の画家ベン・シャーンの思い出について書いたが、ベン・シャーンの画集を眺めていた中学・高校生のころ、最も好きだった小説家が大江健三郎だった。

初期の閉塞感に満ちた作品から読み始めて（有名な短編よりも『遅れてきた青年』という長編が好きだった）、何かやけっぱちのハッピーエンドに終わる『新しい人よ眼ざめよ』と『河馬に嚙まれる』までを熱狂的に吸収したことを覚えている。高校二年生の修学旅行中に出版された『懐かしい年への手紙』を最後に大江を読むのをやめてしまったのだが、その三年後にレヴィナスに出会ったときに、何かその続きとして読んでいたことに今になって気がついた。河出書房新社の朝田明子さんが本書のために考えてくださった副題から連想して、このあとがきで再び大江に還ってくることになったのだ。

このエッセイ集では、救済のモチーフが最後十数ページのところであまりに唐突にゴチック文字で登場し、強く強調される。もちろん『個人的な体験』以降、大江が救済に固執してきたことは明らかなのだが、この本での唐突さは、今の私よりも若い年齢だった彼が覗き込んでいた闇の重さを感じさせる。そして本書『レヴィナス――壊れものとしての人間』ではレヴィナスが歴史の終わりにおける救済を拒否しつつ、しかし同時に現実を一挙に反転するという非常に奇妙な「救済」概念を隠し持っていることを見てきた。救済のモチーフで締めくくることは最初から私のプランにあったわけではなく、書いてみて最後の最後にそうなったのだが、このこともあわせて私自身のなかでは円環が閉じられたという印象をもっている。

日本でレヴィナスについての書物を出版するにあたって、マルク・リシールから受けた学恩を記しておきたい。現象学へと導いてくれたのみならず、私のレヴィナス読解を一貫して支持してくれた。さらに彼の推薦で *Lévinas phénoménologue* と *Hyperbole* という二冊のレヴィナス研究書を出版できたことにより、その後多くの機会が拡がった。とりわけヨーロッパのレヴィナス研究者に多くの知己を得ることができたことは私にとって大きな財産となっている。レヴィナスの長女シモーヌ、彼女の夫でタルムード学者のジョルジュ・アンセル、そしてレヴィナスの孫に当たるダヴィド・アンセルと妻ジョエルには大変お世話になった。数学者であるダヴィドとは親しくしてもらっており、京都でレヴィナスについての様々な逸話を話してくれた（表紙の写真もダヴィドのご厚意によるものである）。そしてカリン・ブレネル、アンヌ・キュピエク、ダニエル・コーエン＝レヴィナス、アレクサンデル・シュネル、合田正人先生とフローラ・バスティアーニの各氏にもお礼を言わなければいけない。アレクサンデルは長年私の研究を励ましてくれている畏友である。

大阪大学人間科学部の学生である井手口香純さん、小川歩人さん、山下瑠里子さんには草稿をお読みいただき、有益な助言をいただいた。修士課程修了生の岡戸一世さんにも大きな示唆をいただいた。

編集をご担当いただいた朝田明子さんにはレヴィナスの本の出版をお引受けいただいた上に、

読みやすい本にするために大変なお仕事をしていただいた。どうもありがとうございました。

私自身は読解の切り口をはっきりさせることで、レヴィナスに明確な（しかし倫理思想とは異なる）イメージを与えたいと考えていたが、同時に多様なテキストに触れたことも本書の特徴かもしれない。とはいえフッサールや他の哲学者について論及した論考など、本書では扱えなかったテキストも少なからずある。ここから先は「入門」を超える範囲となるであろう。

執筆にあたっては以下の拙稿を参照している。

第3章

1、2　書き下ろし

3　エマニュエル・レヴィナス『全体性と無限』公刊五十周年記念国際シンポジウム（明治大学、二〇一一年十一月十三日）での口頭発表原稿《Cadavre et Femme》

4　書き下ろし。ただし以下の拙論を参考にした。

「レヴィナスにおける芸術作品の現象学」『年報　地域文化研究』第1号、東京大学総合文化研究科地域文化研究専攻、一九九八年

第6章

「眩暈と不眠：レヴィナスと精神病理学」『現代思想』第四十巻第三号、二〇一二年三月臨時増刊号、総特集レヴィナス

「方法としてのレヴィナス：情動性の現象学における自己の地平構造」『現象学年報』第

20巻、二〇〇四年
第7章は次の二つの口頭発表を参考にした。
1　『困難な自由』国際シンポジウム（トゥールーズ第2大学、二〇一〇年七月五日）での口頭発表《Le tournant du messianisme en 1961 et la cure du traumatisme–Une lecture des 《Textes messianiques》》
2　フランス哲学セミナー（東京大学本郷キャンパス、二〇〇九年三月十六日）での口頭発表《Lévinas, fondateur d'une religion sans foi》

終章
「死者の地平と精神療法の基礎付け：レヴィナス一九七三－一九七四」『実存思想論集』第22号、実存思想協会、理想社、二〇〇七年

初出がある場合も大幅に改稿を行っている。第5章、第8章については拙著 *Lévinas phénoménologue*, Grenoble, J. Millon, 2002、第6章については *Hyperbole–pour une psychopathologie lévinassienne*, Amiens, Association pour la promotion de la phénoménologie, 2008 も参考にしている。

二〇一二年六月　北摂にて

殺人と犠牲についての断章——増補新版のあとがきに代えて

1

調査のなかで社会的困窮や差別と出会ったことで、レヴィナスについて以前とは異なる読み方ができるようになった。まとまった論考は書いていないのだが、新版の結論の代わりとしてアイディアを書き残しておきたい。以下の断章は、私の日常生活において切実な問いとかかわるとともに、社会的困窮や差別にかかわる現在のフィールドから生まれたものである。

根本的には『全体性と無限』(一九六一年)をどのように理解するかという問題とかかわる。簡単に言うと、『全体性と無限』は、私が人を殺してしまうという怖れを起点としている、と私は考えるようになってきている。主体を潜在的な加害者として提示する。他方『存在の彼方へ』(一九七四年)は、傷つけられる犠牲者として主体を提示するという対照がある。

『存在の彼方へ』についてまず復習したい。主体は他者からすでに侵食され、他者の声を聴き取るよりも前にすでに他者の命令に従ってしまっている。このような主体は「傷つきやすさ vulnérabilité」や「身代わり substitution」として定義される。「犠牲 sacrifice」という言葉も何箇所か使われる。主体は犠牲者でありすでに外傷を負っているのだが、このことが「他者のために身代わりになる」という倫理的な価値を持つのだ。私の苦痛は他者のための犠牲であることで「意味」をもつ。

他方で「被害者 victime」という言葉は『存在の彼方へ』ではほとんど登場しない。不条理な暴力の被害者ではなく、あくまで他の人のための犠牲なのだ。他者の犠牲（身代わり）になりうることが、『存在の彼方へ』では意味そのものの起源である。そしてあくまで私が犠牲になることが意味の起源なのであり、他者が「暴力を行使した加害者」として描かれることはない。

2

時間を遡ろう。『全体性と無限』では、殺人や殺人者という語が頻出する。殺人・殺人者 **meurtre, meurtrier** が七十箇所ほど、殺す tuer が十一箇所である（『存在の彼方へ』ではカインとアベルの逸話をめぐって一箇所「殺人」が登場するのみである）。『存在の彼方へ』では「私の傷つきやすさ」が問題となるのだが、『全体性と無限』では「私が他者を殺す」ことに焦点があたる。そもそも私が自由を持っていること自体が人を殺しかねない。「傷つきやすさ」ではなく「傷つけやすさ」こそが『全体性と無限』では主体の定義となる。

本書の主題は、言説のなかに他者性とのアレルギーではない関係を見出すことだ。つまり本質的に他者を殺す〔私の〕力が、他者を前にして「あらゆる良俗に反して」さえ殺人の不可能性になり、他者を考慮することあるいは正義になる、そういう欲望を言説のなかに見出そうとすることが主題だ。（TI, 38、『全体性と無限』拙訳）

人間関係における「アレルギー」というのはわかりにくい表現かもしれない。思えばコロナ流行の始まった当初、流行地域出身の外国人を排除し、(子どもの通園を保育園が拒むなど) 医療者に対する差別が起きた。「マスク警察」と呼ばれるヒステリックな反応も見られた。人間は不安や恐怖に感じる他者を排除しようとする。これは差別なのだが「アレルギー」のようにやむにやまれず排除してしまう反応なので、差別している本人は差別だと気づかない。むしろ自分のほうが脅かされているという恐怖を感じている。私たちは知らず知らずのうちに他者を排除し、暴力をふるってしまうのだ。私たちが気づかぬ間にアレルギー反応のように人を排除し傷つけてしまうこと、このことは日常生活のなかで私自身怖れていることだ。

『全体性と無限』の議論は、「人を傷つけうる私」と、「私の暴力を抑止する他者の顔=無限」とのあいだのせめぎあいを軸にできている。『全体性と無限』で問題になる暴力とは、全体性による暴力だけではなく私自身の暴力でもある。そして他者の顔が要請する倫理とは、このような私の暴力に対する抑止力のことである。私の暴力は、顔の要請のもとで私から他者への欲望に転じる。

言説と欲望において他の人は、対話者として、私が行使できる力を持たない人、私が殺すことができない人として登場する。言説と他者は、自我である私が罪のない自発性などではなく、簒奪者であり殺人者であるという恥辱を条件付ける。(TI, 82-83、『全体性と無限』拙訳)

「私は殺人者」である。そして他者とは「私が殺すことができない人」である。この矛盾にも見える言明も、人を傷つける私と、私の暴力に対する抑止力として他者が登場するという倫理の緊張関係を表現している。私が人を傷つけうる存在であることを知らしめるのが他者の登場なのだ。私の暴力の可能性を根本の前提とするがゆえに、困窮ゆえに懇願する他者の顔は、現実の暴力や排除に対抗する力となるユートピアを指し示す。補章2ではこの点を展開した。顔の概念は、すき間に陥る人が生じない世界の地平を指し示す。困窮した他者が発するかもしれないかすかなSOSを見逃すことがないような世界を顔は要請するからだ。

『全体性と無限』は〈私が他者を殺す可能性〉が議論の核にあり、他者は〈殺人への抵抗〉として登場する。倫理はこのような〈私の暴力〉と〈困窮する他者〉の緊張関係から登場する。旧版では、主体が何段階も危険を克服していきながらメシア的時間にいたる弁証法的な冒険として『全体性と無限』の見取り図を描いた。補章2と本断章では、旧版とはかなり違ったビジョンで読み直している。

3

『全体性と無限』では〈他者を殺す私〉が核にあった。これに対して『存在の彼方へ』では犠牲・身代わりとなる私が主題となる。主体の定義が〈傷つけやすさ〉から〈傷つきやすさ〉へと移り、傷つくのが他者から私へと移動したのだがそれだけではない。

『全体性と無限』における死は犠牲ではなかった。単なる殺人だった。これに対して『存在の彼方へ』では犠牲・身代わりが問題になる。犠牲とは他の人が生き延びるための犠牲である（多神教を嫌ったレヴィナスに逆らうことになるが、先住民社会での供犠は共同体が存続するための犠牲である）。これに対して殺人は、他者や共同体の存続とは関係なく動機が何であれ私的な殺人である。つまりあらゆる殺人は無駄死にを生み出す。殺された人の死に意味はない。殺人は起こるべきではない。

『存在の彼方へ』は、私が迫害され、すでに他者の身代わり・犠牲になっているという「誇張法」によって主体を定義する極端な議論で知られている。存在の彼方という奇妙な次元の設定や、他者からの言葉を聴くよりもまえにすでに他者の命令に従っているという異様な時間のねじれもふくめて奇矯な議論である。

しかし、犠牲が設定される点においては、死に意味を与える穏便な世界を描いているとも言える。犠牲は「他者のために」という倫理的な可能性を持ち、意味を持つ。レヴィナス自身、『われわれのあいだで』に収められた小論「無駄な苦しみ La souffrance inutile」（一九八二年）のなかで、身体的な苦痛は「他者のための苦しみ」（すなわち犠牲・身代わり）になるときにのみ意味となると書いた。

これに対して単なる殺人は無駄な苦しみであり、意味を持たない。裏返すと、私の殺人にしろ全体性の暴力にしろ不条理な殺人が跋扈する『全体性と無限』の世界は、容赦ない無意味の世界を踏まえている。

現代イタリアの哲学者アガンベンが『ホモ・サケル』（一九九五年）で描いたのは、殺すことが可能でありかつ犠牲として捧げてはいけないような存在者であった。人権を剝奪され、共同体から排除され遺棄される存在を「むき出しの生」として設定することが、法治国家の権力全体を基礎づけるというのがアガンベンの主張だった。

アガンベンの最も大きな範例は強制収容所における死者たちである。現代の日本でも、出入国管理局で殺された人たちや医療措置入院で精神科病院に遺棄され看護師に殺された人たちを思い起こすことができる。どちらも法律で正当化された暴力である警察権によらずに、強制的に隔離され恣意的な暴力を受けている。日本国の秩序を維持するためには外国人の人権を蔑ろにする必要があると国が考えているかのようだ。法の外側に排除され遺棄される存在が、法そのものを可能にするとアガンベンはいうのだ。

アガンベンの議論を真に受けてみると、『存在の彼方へ』は、犠牲を論じるがゆえに、非人間的な現代国家のロジックではない対人関係を論じていることになる。これに対して『全体性と無限』は、犠牲化不可能な殺人とホモ・サケル、例外状態が現出する現代国家のただなかにおいて、この構造ゆえに知らず知らずのうちに私が犯す無意味な暴力を直視する。その上でレヴィナスは、このような暴力を抑止する力がどのような構造をとりうるのかを記述しようとする。顔とはホモ・サケル（例外状態）に対峙する構造のことなのだ。

世界史的には、誰かが犠牲になることで他の人たちが生き残ってきた小さな共同体の時代から、無駄死にを生み出しながら巨大で非人称的な制度（国家、金融資本主義）が維持されていく大規模な国家単位の世界へと変化してきている。とすると、現代を扱った『全体性と無限』から、太古あるいは理念的な世界を扱った『存在の彼方へ』へと遡行しているということもできる。他者への無限の責任を負うという『存在の彼方へ』の極端な倫理は、すでに成立してしまっている超越論的な構造でもある。超越論的には倫理が構造として組み込まれているとしても、現実世界では無意味な殺人と暴力が跋扈する。私が負う現実の「傷つけやすさ」と理念的な「傷つきやすさ」の対比として、レヴィナスの二つの主著は並べることができる。

本書の大枠は次のようなものだった。『全体性と無限』の議論では、主体は安定を求めるが外部から暴力が繰り返し登場することで主体の安全は最終的に保証できなかった。タルムードのメシア論を検討することで、主体の安全を確保する救世主を仮定することが不可能だと結論づけたレヴィナスは、「そもそも私は傷ついている」という出発点から始める『存在の彼方へ』を練り上げた……。

これに対して本断章では異なる展開を構想している。

『全体性と無限』が描いた経験的な現代世界のなかでは私が加害者となる。これに対して『存在の彼方へ』が描いた超越論的な世界においては、私とは人の犠牲になりうるすでに倫理的な存在である。このような二つの視点の対比として両著作は並べられる。『全体性と無限』は、あらゆる他者の死が無意味であるような黙示録的な現実世界と、誰も取り残されない世界すなわち困窮した人の「顔」が切迫する理念的世界の緊張関係を描いた。『存在の彼方へ』がどれだけ苛烈な倫理的要求を「私」に突きつけているとしても主体の条件のなかに意味の可能性を見出しているのであり、『全体性と無限』のほうがより無慈悲な世界を描いているのかもしれない。

日常生活のなかで、誰かを傷つけてしまったことについての後悔と、傷つけてしまうのではないかという畏れを私自身抱いている。人が人を傷つけてしまうという条件をどのようにリカバーするのか、私の行動が意味を持ちうる条件はどのようなものなのか、レヴィナスを日本という異なる文化圏で読み直すときに、私に訴えかけてくる切実さとはそのようなことだ。

長く絶版になっていた本書の復刊を計画し、編集を担当してくださった河出書房新社の石川詩悠さん、そして河出ブックス版を作ってくださった朝田明子さんにお礼を申し上げる。研究者としての私の出発点を書き残す機会をいただき、朝田さんが丁寧に本にしてくださったことは大きな喜びである。旧版出版後、西成で子ども子育て支援のフィールドワークをしているなかで、学生時代から読んでいるレヴィナスが私のなかで意味を持ち続けていることに気づくことになった。石川さんが拙著に意味を見出してくださったことで、古典が現実世界とどのように切り結ぶのかについて書き残す機会をいただけた。また、改訂にあたっては北海道大学の石原真衣さんに貴重なアドバイスをいただいた。

二〇二三年　夏の大阪にて

本書は、二〇一二年八月に小社「河出ブックス」より刊行された『レヴィナス——壊れものとしての人間』を増補、加筆修正、改題したものです。

村上靖彦 むらかみ・やすひこ

1970年、東京都生まれ。基礎精神病理学・精神分析学博士（パリ第7大学）。現在、大阪大学大学院人間科学研究科教授、感染症総合研究教育拠点CiDER兼任。専門は現象学。著書に『在宅無限大』（医学書院）、『子どもたちがつくる町』（世界思想社）、『ケアとは何か』（中公新書）、『交わらないリズム』（青土社）、『「ヤングケアラー」とは誰か』（朝日新聞出版）、『客観性の落とし穴』（ちくまプリマー新書）など多数。

傷《きず》の哲学《てつがく》、レヴィナス

2023年9月20日　初版印刷
2023年9月30日　初版発行

著者　村上靖彦

装幀・本文設計　山田和寛＋佐々木英子（nipponia）
発行者　小野寺優
発行所　株式会社河出書房新社
〒151-0051
東京都渋谷区千駄ヶ谷2-32-2
電話 03-3404-1201（営業）
03-3404-8611（編集）
https://www.kawade.co.jp/

印刷・製本　中央精版印刷株式会社

Printed in Japan
ISBN978-4-309-23138-9